O. Thaler u. Frau

Friedrich Pustet sen.

Jos. Maas

Hammerlänger

Hugo + Martha Schnell.

Angela Fink

Hugo Fink.

Gudila Freifr. v. Pölnitz

Matthias Tiefenthaler.

Bruno Harder

Joseph Marzinger Neffe? v. Haas?

K. Eckerer

Helene Bartmann

Frau Hilde Haas

Georg Haas

Adolf Arnold u. Frau

Hans Riedl

Sonderer Karl

Hans Jürgen Brandt

Jerusalem hat Freunde

München und der Ritterorden vom Heiligen Grab

Hans Jürgen Brandt

Jerusalem hat Freunde

München und der Ritterorden vom Heiligen Grab

Festgabe zum goldenen Jubiläum
der Komturei Patrona Bavariae

eos

Vorderes Umschlagbild: Die 1616 von Hans Krumper geschaffene Patrona Boiariae an der Münchener Residenz und das Emblem des Ritterordens vom Heiligen Grab zu Jerusalem.

Vorsatz 1 u. 2: Unterschriften der Teilnehmer an den Feierlichkeiten anlässlich der am 6. Februar 1960 durch Ehrengroßprior Joseph Kardinal Wendel errichteten Komturei im Gästebuch I.

Nachsatz 1 u. 2: Gedenkbildchen und Unterschriften der Teilnehmer an der 1965 durch Ehrengroßprior Julius Kardinal Döpfner vorgenommenen Investiturfeier der Bayerischen Ordensprovinz im Gästebuch I.

1. Auflage 2010
Deutsche Erstausgabe

ISBN 978-3-8306-7407-8

Bibliografische Information der Deutschen Bibliothek
Die Deutsche Bibliothek verzeichnet diese Publikation in der Deutschen Nationalbibliografie; detaillierte bibliografische Angaben sind im Internet unter http://dnb.ddb.de abrufbar.

Umschlaggestaltung: EOS-Druck Sankt Ottilien
Satz: Mark Aufenanger
Druck und Bindung: EOS-Druck Sankt Ottilien
Gedruckt auf säurefreiem, chlorfrei gebleichtem Papier.
Printed in Germany

Inhaltsverzeichnis

Abb. 1: Die Hof- und Stiftskirche St. Kajetan an der Münchener Residenz wurde 1958 zum religiösen Zentrum der Bayerischen Ordensprovinz erklärt.

Geleitwort

Als vor einem halben Jahrhundert die Mitglieder des päpstlichen Ritterordens vom Heiligen Grab zu Jerusalem im Erzbistum München und Freising zur ersten Komturei in der Ordensprovinz Bayern erhoben wurden, stand ihnen als Ziel vor Augen, Freunde für Jerusalem zu gewinnen. Die christliche Ortsgemeinde im Heiligen Land zählte damals 10% der Bevölkerung, in Bethlehem sogar 80%. Aufgrund der politischen Entwicklung erlebte das Heilige Land in den letzten fünf Jahrzehnten einen Aderlass der christlichen Bevölkerung durch Abwanderung. Heute stellen die Christen im Heiligen Land nur noch zwei Prozent der Bevölkerung, in Bethlehem ist ihr Anteil auf ein Drittel geschrumpft.

Der Lateinische Patriarch von Jerusalem, Großprior Fouad Twal, hat die Aufgabe des Ritterordens vom Heiligen Grab folgendermaßen formuliert: *Grabesritter zu sein bedeutet Verbindlichkeit – Einsatz: Man geht eine intensive Beziehung mit der Kirche des Heiligen Landes ein; die Sorgen und Nöte der Menschen hier betreffen die Grabesritter und Ordensdamen persönlich. Natürlich handelt es sich um einen kirchlichen Orden, was bedeutet, dass seine Mitglieder sich ganz und gar als Kinder der Kirche fühlen, in ihrem Geist leben und handeln. Das Engagement für die Mutterkirche im Heiligen Land ist nur Ausdruck ihres christlichen Zeugnisses.* In Perspektive gesagt: Wir Mitglieder des Ritterordens vom Heiligen Grab zu Jerusalem sind in christlicher Hoffnung davon überzeugt, dass eines Tages im Heiligen Land Gerechtigkeit und Frieden einziehen.

In der vorliegenden, von der Komturei in Auftrag gegebenen Festschrift hat unser Prior, Prälat Prof. Dr. Hans Jürgen Brandt, die zurückliegenden 50 Jahre unserer Münchener Ordensgeschichte dokumentiert. Er kennt die Komturei Patrona Bavariae aus eigener

Mitgliedschaft seit dreißig Jahren. Wir sind ihm und seinem Neffen, Dr. rer. pol. Mark Aufenanger, der die Druckvorlage besorgte, sehr dankbar dafür. Das Erbe von fünfzig Jahren Ordensgeschichte in München macht uns Mut, den eingeschlagenen Weg weiter zu gehen und neue Freunde für Jerusalem zu werben.

München, am 6. Februar 2010

Folker Müller
Leitender Komtur

Vorwort

Am 6. Februar 2010 hat sich zum fünfzigsten Mal die Errichtung der Münchener Komturei des Ritterordens vom Heiligen Grab durch den deutschen Statthalter Prof. Dr. Friedrich August Freiherr von der Heydte und den Münchener Erzbischof und Ehrengroßprior Joseph Kardinal Wendel gejährt. Die zum Jubiläum erstellte Festschrift geht Motiv und Umständen der Gründung, ihrer jüngeren Vorgeschichte und den Aktivitäten der Komturei in der Gegenwart nach. Der abschließende Teil ist ihren lebenden und verstorbenen Mitgliedern gewidmet. Die reiche mittelalterliche Geschichte des Ritterordens nicht zuletzt in Bayern bildet den ideellen Verständnishintergrund. Auf ihre Darstellung wurde bewusst verzichtet, um der seit längerem angekündigten *Geschichte der Deutschen Statthalterei des Ritterordens vom Heiligen Grab zu Jerusalem* nicht vorzugreifen.

Die archivalischen Bestände der Münchener Komturei sind, abgesehen von Personalbögen aus jüngerer Zeit, sehr dürftig. Den Hintergrund bildet die Tatsache, dass alle Amtsträger des Ordens – angefangen vom Ltd. Komtur bis hinauf zum Statthalter – ihren Dienst ehrenamtlich verrichten. Eine Chronik der Komturei wurde nicht geführt. Einen gewissen roten Faden der letzten 50 Jahre bilden die Gästebücher, in denen sich Ordensmitglieder und Gäste der monatlichen Versammlungen der Komturei eintrugen. Um, wenn man es so sagen darf, Fleisch an das Gerippe zu bringen, hat der Verfasser im Erzbistumsarchiv Paderborn (EBAP) die einschlägigen Akten des langjährigen Großpriors der Deutschen Statthalterei, Erzbischof Lorenz Kardinal Jaeger, und im Erzbischöflichen Archiv München (EAM) die Nachlässe der Kardinäle Michael von Faulhaber, Joseph Wendel und Julius Döpfner, von denen die beiden letzteren die Würde eines Ehrengroßpriors bekleideten, eingesehen und ausgewertet. Aus der spärlichen Literatur zur jüngeren

Geschichte des Ritterordens vom Heiligen Grab in Bayern hebt sich der Beitrag von Cfr. Wilhelm Wanders *Erinnerungen und Gedanken* in der Festschrift der Augsburger Komturei St. Ulrich und Afra hervor.

Für die Erlaubnis zur Einsichtnahme in die noch nicht frei zugänglichen einschlägigen Bestände des Erzbistumsarchivs Paderborn und des Erzbischöflichen Archivs München sei dem Paderborner Erzbischof Cfr. Hans-Josef Becker und dem Münchener Erzbischof Großprior Dr. Reinhard Marx verbindlich gedankt. Großes Entgegenkommen fand der Verfasser im Erzbischöflichen Archiv Paderborn, indem ihm die Archivare Michael Streit und Thomas Welter sehr halfen, im Archiv des Erzbistums München und Freising (AEM) sowie in der Provinzbibliothek des Franziskanerklosters St. Anna in München; hier sei P. Dr. theol. Raynald Wagner OFM und Frau Brigitte Antoin besonders gedankt. Bei der Beschaffung von Bildmaterial und Informationen waren die Ordensmitglieder Walburga Freifrau von Aretin, Dr. Jobst-Barnim von Beckedorff, Gertrud Fraundorfer, Siegfried Hausbacher, Rudolf Hundhammer, Erika und Peter Neukam, Dr. Franz Menges und Dr. Albrecht Weiland, Geschäftsführer des Verlags Schnell und Steiner in Regensburg, behilflich. Den Satz erstellte freundlicherweise Dr. rer. pol. Mark Aufenanger, die Korrektur las Cfr. Msgr. Prof. Dr. theol. habil. Karl Hengst, Paderborn.

1 München im Jahre 1960

Im Münchener Liebfrauendom erinnert ein Epitaph nach Art des Totentanzes an Erzbischof Joseph Kardinal Wendel. Es zeigt den von Gevatter Hein geleiteten Kardinal beim Auszug aus dem Dom. Die Szene spielt auf den 31. Dezember 1960 an, als Joseph Wendel nach kaum beendeter Jahresschlussandacht einem plötzlichen Herzversagen erlag. In seiner Silvesterpredigt unter dem Leitwort *Der Herr kommt!* hatte der Kardinal drei herausragende Ereignisse des zu Ende gehenden Jahres in Erinnerung gerufen: die Münchener Stadtmission im Frühjahr 1960, den Eucharistischen Weltkongress vom August des Jahres und das Flugzeugunglück am 17. Dezember in der Ludwigvorstadt mit 49 Menschenopfern. Dabei fand die Stadtmission wegen enttäuschender Beteiligung der Gläubigen seine Kritik. Den Hintergrund bildete nicht zuletzt die demographische Entwicklung Münchens. Während im Jahre 1950 die Katholiken an der Münchener Bevölkerung noch 76,4% gezählt hatten, war bei gewachsener Einwohnerzahl ihr Anteil in einem Jahrzehnt auf 71,8% zurückgegangen. Als man in Vorbereitung auf die Stadtmission die sonntäglichen Kirchenbesucher zählte, kam man auf rund 30%. Trotz allgemein enttäuschender Bilanz der Volksmission sah Pater Viktor Schurr in einem wissenschaftlichen Beitrag für die *Herder Korrespondenz* doch einen Lichtblick. Er wertete als größten Erfolg die Aktivierung einer erstaunlich hohen Anzahl von Laien. Das beste Beispiel biete die Legio Mariae, die durch die Mission einen großen Aufschwung genommen habe. Unter den kirchlichen Vereinen, die während des Eucharistischen Weltkongresses Sonderveranstaltungen abhielten, wurde die *Fides Romana*, eine im Jahre 1946 in Köln gegründete *Laienvereinigung katholischer deutscher*

Männer für Kirche und Papst, besonders gewürdigt.[1]

Im Rückblick eines halben Jahrhunderts fällt auf, dass in den offiziellen Münchener Dokumenten des Jahres 1960 weder die Deutsche Statthalterei, noch die Bayerische Provinz oder die Münchener Komturei des Ritterordens vom Heiligen Grab erwähnt werden. Das mag manche Gründe haben. Allerdings boten die Verhältnisse in der jungen Bayerischen Ordensprovinz noch wenig Stoff für eine gezielte Öffentlichkeitsarbeit. Der Blick in die ungedruckten archivalischen Quellen zeigt, dass es nicht leicht war, den Orden in München heimisch zu machen – und das, obgleich Kardinal Wendel die Würde eines Ehrengroßpriors bekleidete und wahrnahm.

1.1 Die Proklamation der Komturei

Im August 1959 unterrichtete Präsident Götz Reichsfreiherr von Pölnitz Kardinal Wendel darüber, dass *München als erste bayerische Komturei im Herbst* proklamiert werden solle.[2] Dem Großprior, Erzbischof Jaeger in Paderborn, meldete er am 21. Oktober – als spräche er von einer Baustelle: *Die Komturei München dürfte de facto stehen.* Pölnitz hatte soeben die Nachfolge des bayerischen Herzogs Albrecht im Präsidentenamt der jungen Bayerischen Ordensprovinz angetreten. Manches musste bis zum Richtfest der

[1]Die letzte Predigt unseres Kardinals, Silvesterpredigt 1960, in: MKKZ Nr. 2 <8.01.1961>. FELLNER, Die Münchener Stadtmission im Jahre 1960, S. 263f. (Statistik). SCHURR Viktor: Die Münchener Volksmission 1960. Vorbereitung, Durchführung und Bilanz einer Großraummission in einer Millionenstadt, in: Herder Korrespondenz 14 <1959/60> 439-443. ZIEMANN, Die doppelte Enttäuschung. STRUTH Hans: Fides Romana, in: LThK IV <1960> 120. DERS.: Fides Romana, in: LThK III <1995> 1276 (letzter Vorsitzender war bis 1986 Bundesminister a. D. Franz Josef Wuermeling).

[2]EAM Nachlass Kardinal Wendel 19 Gr./1959: Pölnitz an Wendel am 17.08.1959.

Komturei noch improvisiert werden. So hätte Pölnitz noch gerne mehrere bayerische Kandidaten auf der im Dezember des Jahres in Köln stattfindenden Investitur in den Orden aufgenommen gesehen, doch scheiterte dies an den Hürden der Ordensbürokratie. Am geistlichen Direktor der Katholischen Akademie Dr. theol. Karl Forster bemängelte man etwa, dass er keinen beglaubigten Taufschein beigebracht hatte. Mit Kopfschütteln über einen solchen Formalismus selbst gegenüber einem Priester, der erster Prior der neuen Komturei werden sollte, löste Ehrengroßprior Wendel das Problem, indem er Forster kurzer Hand in der Erzbischöflichen Privatkapelle investierte. Großprior Jaeger zeigte sich darüber nicht wenig erstaunt, wie er Statthalter von der Heydte wissen ließ:

> *Sorge macht mir die private Investiturfeier für Herrn Dr. Forster durch Eminenz Wendel. Das kann Schule machen. Es erregt ganz sicher den Unwillen der Ordensbrüder, falls es bekannt wird.*

Für einen Vorarbeiter, der trotz widriger Umstände den Bau der Münchener Komturei vorangetrieben hatte, beantragte Jaeger beim Statthalter eine Promotion:

> *Konfrater Kreuser, München, hat sich um die Zusammenfassung der Münchener Ordensbrüder große Verdienste erworben. Er verdient vollauf, Komtur zu werden.*[3]

Bankdirektor Dr. Kreuser wurde denn auch der erste Leitende Komtur der Patrona Bavariae und organisierte deren Gründungsfeier am Sonnabend, dem 6. Februar 1960. Die Titelseite des gedruckten Programms zieren das Jerusalemkreuz und ein Bild des Diöze-

[3]EBAP Nachlass Kardinal Jaeger 9a/5: Pölnitz an Jaeger am 21.10.1959 (Zitat Komturei); ebd.: Jaeger an Pölnitz am 4.07.1959 (Zitat Promotion); ebd.: Heydte an Roesen am 16.10.1959 (fehlendes Taufzeugnis Forsters); ebd.: Jaeger an Heydte am 21.10.1959 (Kritik an Privatinvestitur Forsters).

EINLADUNG ZUR

PROMULGATIONSFEIER

der

MÜNCHENER KOMTUREI

des

RITTERORDENS VOM HEILIGEN GRABE

ZU JERUSALEM

Abb. 2: Einladung zur Promulgationsfeier 1960.

SAMSTAG, DEN 6. FEBRUAR 1960

ab 15.00 Uhr Hotel Continental, München 2, Max-Joseph-Straße 1
Kaffee

16.45 Uhr Sakristei der Ordenskirche (Dreifaltigkeitskirche) Pacellistr.
Anlegen der Ordensmäntel

17.00 Uhr Kapitelsaal der Ordenskirche (Dreifaltigkeitskirche) Pacellistr.
Promulgation der Komturei München
durch Se. Exzellenz den Herrn Statthalter, Prof. Dr. Dr. Friedrich August Freiherr von der Heydte;
Ansprache des Herrn Präsidenten der Bayerischen Provinz, Professor Dr. Götz Freiherr von Pölnitz.

18.15 Uhr Ordenskirche (Dreifaltigkeitskirche) Pacellistraße
Pontifikalmesse
mit Ansprache des Hochwürdigsten Herrn Ehrengroßprior Se. Eminenz Josef Kardinal Wendel.

20.00 Uhr Hotel Continental, München 2, Max-Joseph-Straße 1
Gemeinsame Abendtafel

Abb. 3: Programm der Promulgationsfeier.

sanpatrons St. Korbinian. Die Ordensmitglieder waren eingeladen, sich ab 15.00 Uhr zur Begrüßung „bei Kaffee“ im Hotel Continental, Max-Joseph-Straße 1, einzufinden; von dort zur Dreifaltigkeitskirche in der Pacellistraße, der *Ordenskirche*, zu gehen, und um 16.45 Uhr die Ordensmäntel anzulegen. Die feierliche Promulgation der Komturei erfolgte um 17.00 Uhr im Kapitelssaal der Ordenskirche durch Statthalter von der Heydte; die Festrede hielt Provinzpräsident von Pölnitz. Dem Festakt schloss sich um 18.15 Uhr eine von Kardinal Wendel zelebrierte Pontifikalmesse an. Von besonderer musikalischer Gestaltung ist nicht die Rede. Der Festtag endete mit einem Abendessen im Hotel Continental.[4]

Wie die Wahl der Dreifaltigkeitskirche, eine ehemalige Klosterkirche von Karmelitinnen andeutet, vollzog sich die Proklamation der Komturei ohne Öffentlichkeit. Die *Münchener Katholische Kirchenzeitung* scheint von dem Vorgang keine Nachricht erhalten zu haben, auch im *Deus lo vult*, dem Presseorgan der Statthalterei, findet sich keine Erwähnung. Der familiäre Rahmen war beabsichtigt. Im Protokoll des Treffens der bayerischen Ordensmitglieder am 8. September 1959 bei Baronin zu Guttenberg in München heißt es als Beschluss:

> *Als erste Komturei wird mit einer kleinen Festlichkeit die Münchener Komturei promulgiert. Der Gedanke einer kleinen Feier wird von Seiner Eminenz gebilligt.*

Geplant war zunächst ein ganzer Festtag. Nach einer morgendlichen Pontifikalmesse und Kapitelssitzung sollte nachmittags ein Ausflug

[4] EBAP, Nachlass Kardinal Jaeger 9a/5. Faltblatt der Einladung für den 6. Februar 1960. Es sei liturgisch angemerkt, dass eine Abendmesse an einem Samstag vor dem Zweiten Vatikanischen Konzil wegen der strengen Nüchternheitsbestimmungen durchaus nicht üblich war und demnach ein besonderes Entgegenkommen Kardinal Wendels darstellte.

nach Andechs stattfinden, doch wurde letzterer gestrichen. Das Protokoll vermerkt ein auch noch nach einem halben Jahrhundert nicht eingelöstes Desiderat:

> *Möglicherweise kann bei dieser Gelegenheit eine Totentafel für die Verstorbenen des Ordens in der Dreifaltigkeitskirche eingeweiht werden.*[5]

In das am Festtag ausgelegte Gästebuch trugen sich, angeführt vom Münchener Kardinal und den Statthaltern der deutschen und österreichischen Statthalterei, 38 Personen ein:

- Joseph Kardinal Wendel, Ehrengroßprior,
- Statthalter Prof. DDr. Friedrich August Freiherr von der Heydte, Würzburg,
- Statthalter Prof. Dr. Erwin Domanig, Salzburg,
- Präsident Prof. Dr. Götz Freiherr von Pölnitz, Augsburg,
- Prof. DDr. Maximilian Miller, Stuttgart,
- Staatsminister Dr. phil. Dr. oec. publ. Alois Hundhammer,
- Komtur Dr. phil. Karl Kreuser, München,
- Akademiedirektor Dr. theol. Karl Forster, München,
- Rechtsanwältin Marianne Thora, München,
- Josef Thora, München,

[5] Vgl. MKKZ 53 <1960>; der Artikel Minister *Dr. Alois Hundhammer 60 Jahre alt*, illustriert mit einem Portrait des Jubilars von Leo Samberger (ebd. S. 200), erwähnt dessen Ordensmitgliedschaft nicht. EBAP Nachlass Kardinal Jaeger 9a/5: Protokoll über die Zusammenkunft der Mitglieder des Ritterordens vom Hl. Grabe bei Ordensdame Baronin zu Guttenberg, München, 8. September 1959.

- Hedwig Fonk,
- Dr. rer. pol. Wilhelm Fonk,
- Chefarzt Dr. med. Anton Brander, Schweinfurt,
- Chefarzt Dr. Andreas Brech, Schweinfurt,
- Dr. Paul Waldemaier,
- Pfarrer Maximilian Arthur Hilden, Richtering,
- Anneliese Kreuser, München,
- Dr. med. Walter Thaler und Ehefrau,
- Friedrich Pustet sen., Regensburg,
- Josef Hall,
- Dr. Ing. Theodor Brannekämper,
- Dr. phil. Hugo Schnell und Ehefrau Martha Schnell,
- Angela Fink,
- Staatssekretär Hugo Fink,
- Gudila Freifrau von Pölnitz, Augsburg,
- Dr. theol. Matthias Defregger, Erzbischöflicher Sekretär,
- Bruno Harder,
- Joseph Matzung,
- Karl Anton Ederer,
- Helene Bartmann,
- Hilde Haas,
- Georg Haas,

- Hans Schütz und Ehefrau Maria Schütz,
- Hans Riedl,
- Karl Donderer.[6]

Großprior Jaeger hatte seine Teilnahme wegen Übernahme der Verpflichtungen seines erkrankten Weihbischofs Augustinus Baumann absagen müssen. Präsident Pölnitz berichtete ihm aber umgehend vom würdigen Verlauf der Münchener Feier. Kardinal Wendel ist für den verhinderten Großprior Jaeger auch bei der am 30. April 1960 in Stuttgart stattfindenden Investitur eingesprungen, weil der zunächst in Aussicht genommene Ersatzmann Ehrengroßprior Julius Kardinal Döpfner von Berlin ebenfalls unabkömmlich war. Von den Namen Döpfner, Jaeger und Wendel – führenden Köpfen des deutschen Episkopats – ist abzulesen, welche Erwartungen sich mit der Münchener Komturei verbanden. In dem erwähnten Protokoll von 1959 heißt es:

> *Später ist daran gedacht, in jedem Bistum eine Komturei des Ordens zu errichten, jeweils mit einer Ordenskirche am Sitze des Bischofs. Es ergibt sich die Frage, ob an diesen das Ordenswappen anzubringen wäre. Mit der Münchener Promulgation tritt die bayerische Ordensentwicklung aus dem Zwischenzustand, der seit Begründung der Provinz bestanden hatte, heraus und es beginnt der eigentliche innere Aufbau der Provinz. Hierbei nimmt München eine besondere Stellung ein wegen des Kongresses von 1960, bei dem es für die Ordensritter eine echte Aufgabe bedeutet, dem Herrn Kardinal für besondere Aufgaben zur Verfügung zu stehen.*[7]

[6] Gästebuch I (Eintrag am 6.02.1960).

[7] EBAP Nachlass Kardinal Jaeger 9a/5: Protokoll über die Zusammenkunft der Mitglieder des Ritterordens vom Hl. Grabe bei Ordensdame Baronin zu Guttenberg, München, 8.09.1959.

Abb. 4: Ehrengroßprior Joseph Kardinal Wendel.

Abb. 5: Die Dreifaltigkeitskirche in München.

Dem Gesagten ist zu entnehmen, dass die Münchener Komturei als Mutter aller anderen noch zu gründenden bayerischen Komtureien angesehen wurde. Wenn der Patrona Bavariae München wegen des Eucharistischen Weltkongresses eine besondere Stellung zugesprochen wurde, ist dabei allerdings zu bedenken, dass sich 1960 noch alle bayerischen Ordensmitglieder als ihr zugehörig betrachteten. Das belegen die Protokolle der Provinz und das Gästebuch der Komturei.

1.2 Eucharistischer Weltkongress

In Vorbereitung auf den Eucharistischen Weltkongress hatte die erwähnte Laienvereinigung katholischer deutscher Männer *Fides Romana* zu einem *Gebetstag* für den glücklichen Verlauf des Kongresses am 5. und 6. September 1959 nach Altötting aufgerufen. Er stand unter der Schirmherrschaft von Kardinal Wendel. Die Angaben der Teilnehmerzahl schwanken zwischen 8 000 und 12 000 Männern. Vom bayerischen Episkopat nahmen neben dem Kardinal der Bamberger Erzbischof Joseph Schneider und der Passauer Bischof Konrad Landesdorfer teil, weltkirchlichen Flair gaben der Glaubenskundgebung die Bischöfe Vitus Chang aus China, Emanuel Mabathoana aus Bosutoland, Afrika, und Erik Müller aus Stockholm. Als prominente Laien waren Franz Erbprinz von Bayern und Karl Fürst zu Löwenstein, der Präsident des Zentralkomitees Deutscher Katholiken, erschienen. Den Höhepunkt des ersten Tages bildete eine abendliche Lichterprozession mit der von Papst Pius XII. dem Münchener Liebfrauendom geschenkten Reliquie aus der segnenden Hand Papst Pius X., der 1954 zur Ehre der Altäre erhoben worden war. Ein Foto in der Münchener Kirchenzeitung zeigt den afrikanischen Bischof Mabathoana mit dem Reliquiar an der Spitze der

Prozession und zwei Ritter vom Heiligen Grab, die ihn begleiten. Zur Prozessionsordnung heißt es: Der hohen Geistlichkeit folgten *die Ritter vom Heiligen Grab, Malteserritter und der Deutsche Orden.* Der päpstliche Ritterorden hatte Präzedenz. Der zweite Wallfahrtstag erreichte seinen Höhepunkt mit einer Glaubenskundgebung am Nachmittag auf dem Kapellenplatz. Die Rednerliste eröffnete der Kölner Verleger und Gründer der Fides Romana Hans Struth, dem Kardinal Wendel mit einer Grußbotschaft Papst Johannes' XXIII. und eindringlichen Worten *an die Männer* folgte. Das Hauptreferat hielt, wie es ausdrücklich heißt, *der Statthalter des Ritterordens vom Heiligen Grab* Universitätsprofessor DDr. Friedrich August Freiherr von der Heydte. Die Veranstaltung lag demnach fest in der Hand des Ritterordens. Denn auch Struth gehörte als Komtur wie Wendel als Ehrengroßprior dem Orden an.[8]

Am 8. September, zwei Tage nach der Veranstaltung, zog der Münchener Ordenskreis bei Elisabeth Freifrau zu Guttenberg Bilanz. In dem von ihr verfassten Protokoll heißt es:

> *Anschließend berichtete Cfr. v. Pölnitz über die Altöttinger Tagung der Fides Romana. Für dort war vorgesehen, dass Ordensmitglieder aus den Landschaften südlich der Donau das Ehrengeleit für den Herrn Kardinal und das Papst-Pius-Reliquiar stellen. Die Aufgabe wurde von den reichlich erschienenen Ordensmitgliedern sehr gut gelöst. Die Zusammenarbeit mit den Maltesern, Georgii-Rittern und einem anwesenden Marianer (Deutscher Orden) war sehr erfreulich. Der Versuch war als eine Art Vorprüfung für die Aufgabe, die der Münchener Eucharistische Kongress 1960 stellen wird, ermutigend.*

[8] MKKZ 52 <6.09.1959> Nr. 36, S. 715 (Programm u. Einladung); ebd.: <13.09.1959> Nr. 37, S. 728 (Bericht mit drei Fotos). Der Feuerreiter 35 <29.08.1959> Nr. 18, S. 24 (Pius-Reliquiar); ebd.: <26.09.1959> Nr. 20, S. 4-7 (Bericht u. Fotos).

> *Altötting bedeutete eine religiöse Bereicherung für sämtliche Teilnehmer aus dem Orden, die zugleich für die anderen Pilger zur festlichen Gestaltung mit beitrugen. Die Mitwirkung, für die herzlich gedankt wurde, ist auch im Hinblick darauf begrüßenswert, dass der hl. Papst Pius X. Großmeister des Grabesritterordens war.*[9]

Zur Vorbereitung des Kongresses traf sich die Münchener Komturei im ersten Halbjahr 1960 dreimal – und jedes Mal schrieb der Kardinal als erster seinen Namenszug ins Gästebuch. Selbst wenn nur fünfzehn Ritter und Ordensdamen zusammenkamen, wie am 2. Juni 1960 bei Cfr. Alexander Prugger, scheute der Kardinal mit seinem Sekretär Dr. Matthias Defregger den Weg nicht. Nachdem sich auch die Malteser und der Deutsche Orden zu Diensten auf dem Kongress angeboten hatten, bestimmte der Kardinal folgende Ordnung:

Sonntag,	31.7.1960,	Malteser
Montag,	1.08.1960,	Grabesritter
Dienstag,	2.08.1960,	Deutscher Orden
Mittwoch,	3.08.1960,	Malteser
Donnerstag,	4.08.1960,	Grabesritter
Freitag,	5.08.1960,	Deutscher Orden
Samstag,	6.08.1960,	Malteser
Sonntag,	7.08.1960,	Grabesritter[10]

Dr. Kreuser teilte den Ordensmitgliedern außerdem den Wunsch des Kardinals mit, dass dieser ihre Teilnahme nicht nur am Hauptgottesdienst des 7. Augusts, sondern auch an den feierlichen Abendgottesdiensten vom 3. bis 6. August gern sähe. Die Dienste bestanden

[9] EBAP Nachlass Kardinal Jaeger 9a/5 u. EAM Nachlass Kardinal Wendel 19Gr/1960: Protokoll vom 8.09.1959.

augenscheinlich darin, die kirchlichen Würdenträger bei feierlichen liturgischen Einzügen, Prozessionen und Auszügen zu begleiten. Immerhin waren 28 Kardinäle und annähernd 500 Bischöfe nach München gekommen. Wie Universitätsprofessor Dr. Joseph Ratzinger wusste, hatte sich Papst Johannes XXIII. seine Teilnahme versagt, weil er nicht Gefahr laufen wollte, *die Augen (und damit ja schließlich auch das Herz) der Gläubigen abzuwenden von dem Eucharistischen Herrn als der einzigen Mitte des Kongresses.*[11] Wenn die Ritter vom Heiligen Grab wegen ihrer noch bescheidenen Mitgliederzahl auch keine umfangreichen Dienste leisten konnten, gingen sie als einziger päpstlicher Ritterorden protokollarisch den päpstlichen Geheim- und Ehrenkämmerern sowie den übrigen Ritterorden voran. So schritten bei der feierlichen eucharistischen Prozession im Rahmen des festlichen Abschlussgottesdienstes auf der Theresienwiese zwei Ritter vom Heiligen Grab als Begleiter des ranghöchsten Kardinals gleich hinter dem Sakramentswagen, auf dem der päpstliche Legat Gustavo Testa vor der Monstranz kniete; ihnen folgten die von päpstlichen Ehrenkämmerern in roten Uniformen assistierten übrigen Kardinäle. Von den Münchener Konfratres erfreute sich Dr. Hermann Vitalowitz der Würde eines päpstlichen Ehrenkämmerers.[12]

Treuebekenntnis

Zu einer in den offiziellen Programmen des Kongresses nicht aufgeführten Glaubenskundgebung versammelten sich am Vormittag des 4. August 1960 aberhunderte von Männern im Liebfrauendom zur

[11] RATZINGER Joseph: Der Eucharistische Weltkongress im Spiegel der Kritik, in: Statio Orbis I, 227-242, hier 231.

[12] EABP, Nachlass Kardinal Jaeger 9a/5 (Einladung des Ltd. Komturs Dr. Kreuser). Statio Orbis I, Bildanhang Nr. 61 (Eucharistische Prozession). MKKZ 53 <1960> 643 (Ehrenkämmerer).

Abb. 6: Die eucharistische Prozession auf dem Weltkongress.

Abb. 7: Der Altar des hl. Pius X. im Liebfrauendom.

Weihe des Altares zu Ehren des hl. Papstes Pius X. Die Konsekration des von der Fides Romana gestifteten Pius-Altares in einer der Chorkapellen nahm der päpstliche Legat Kardinal Testa vor. In der Stiftungsurkunde heißt es:

> *Seine Heiligkeit Papst Pius XII. heiligmäßigen Angedenkens, der bereits im Jahre 1957 München zur Kongressstadt erwählt hatte, schenkte für den Pius-Altar eine große Reliquie aus der segnenden Hand des Eucharistischen Papstes. Möge der Pius-Altar im Münchener Liebfrauen-Dom Ausdruck der Treuegesinnung katholischer deutscher Männer für Kirche und Papst, von diesem Tage an fromme Wallfahrtsstätte sein zu dem Papst der heiligen Eucharistie und noch in fernen Zeiten an die Gnadentage des XXXVII. Eucharistischen Weltkongresses in München erinnern.*[13]

Wie die Altöttinger Glaubenskundgebung des Vorjahres lag auch die Papstfeier am 4. August im Münchener Liebfrauendom fest in Ordenshand. Sie war organisiert vom Vorsitzenden der Fides Romana Konfrater Hans Struth aus Köln; das Gebet zum hl. Papst Pius X. sprach im Anschluss an die Weihe des Altares der Münchener Konfrater Staatsminister Dr. Alois Hundhammer, dem Statthalter von der Heydte mit einem Gebet um die Erhebung Pius XII. zur Ehre der Altäre folgte.[14]

Es sei hier nur kurz angemerkt, dass es zu einer Wallfahrt zum Pius-Altar nie kam. An den Altar erinnert seit der letzten Domrenovierung nur noch rudimentär eine Marmortafel mit der Pius-Reliquie an der Seitenwand. Das von dem Münchener Künstler Sepp Frank in Marmormosaik gearbeitete großformatige Bildnis Pius X. über dem

[13] Statio Orbis II, 313 (Pius-Altar).

[14] Der Feuerreiter 36 <30.07.1960> Nr. 16, S. 12 (Mosaikbild Pius X.); ebd. <13.08.1960> Nr. 17; ebd. <27.08.1960> Nr. 18 (ausführlicher Bericht).

Altar ist heute durch ein barockes Altarbild der hl. Katharina verdeckt. Wie Pius X. war auch der durch seinen jahrelangen Aufenthalt als Päpstlicher Nuntius der Kongressstadt München sehr verbundene Pius XII. Großmeister des päpstlichen Ritterordens vom Heiligen Grab zu Jerusalem gewesen.[15]

1.3 Internationales Ordenstreffen

Am 2. August 1960 veranstaltete die Deutsche Statthalterei im Rahmen des Eucharistischen Weltkongresses ein ganztägiges *Internationales Ordenstreffen*, an dem rund 180 Ordensmitglieder teilnahmen. Die Anregung dazu hatte der Österreichische Statthalter Hofrat Prof. Dr. Erwin Domanig aus Salzburg gegeben. Das Tagesprogramm umfasste folgende Punkte: 8.30 Uhr Anlegen der Ordensmäntel in der Residenz und feierlicher Zug zur St. Kajetans-Hofkirche am Odeonsplatz; 9.00 Uhr Pontifikalamt Seiner Seligkeit des Lateinischen Patriarchen von Jerusalem und Großpriors des Ritterordens vom Heiligen Grab Alberto Gori OFM mit Predigt von Großprior Erzbischof Jaeger aus Paderborn; anschließend Frühstück im Künstlerhaus am Lenbachplatz; 11.30 Uhr Feierstunde mit Vortrag des Statthalters der Französischen Statthalterei S.K.H. Prinz Xavier von Bourbon-Parma im Großen Saal der Handwerkskammer in der Max-Joseph-Straße; 13.30 Uhr Mittagessen in der Gaststätte des Künstlerhauses; 16.00 Uhr Aussprache im Großen Saal der Handwerkskammer, 19.00 Uhr gemeinsames Abendessen im Künstlerhaus.[16]

[15] Die Münchener Frauenkirche. Restaurierung und Rückkehr ihrer Bildwerke, hrsg. v. FAHR Friedrich u. a. <München 1993>.

[16] EAM Nachlass Kardinal Wendel 19 Gr./1960: Heydte an Wendel am 16.03.1960 (Einladung). EABP Nachlass Kardinal Jaeger 9a/5: Pölnitz an Jaeger am 4.03.1960.

In seiner Predigt sprach Großprior Jaeger drei Themen an: 1. Die Wallfahrt zum Heiligen Land, die Grabesritter und die Entfaltung der eucharistischen Frömmigkeit; 2. Die Eucharistie als *cibus viatorum* – Pilgerspeise – und 3. Eucharistie und Elitebildung. Zu letzterem Punkt sagte er wörtlich:

> *Scheinbar zufällig begann zehn Jahre nach dem Kommuniondekret Pius X. eine religiöse Bewegung bewusst christlicher Persönlichkeiten, die etwas Neues darstellte. Dies war jedoch kein Zufall, sondern eine Frucht des häufigen Empfanges der Eucharistie... Die Wiedergeburt einer aus dem Messopfer und dem Opfermahl lebenden eucharistischen Frömmigkeit führt zur Bildung einer Elite von bewusst christlichen Persönlichkeiten. Gerade dies soll nach dem Willen des unvergesslichen Papstes Pius XII. bei der Reorganisation der Satzungen unseres Ordens das vornehmste Ziel des Ritterordens vom Heiligen Grabe in der Gegenwart sein. Es braucht in der pluralistischen Gesellschaft unserer Tage diese glaubensstarken, charaktervollen katholischen Persönlichkeiten, die sich ‚nicht der Welt gleichförmig machen', sondern in wachem Verantwortungsbewusstsein selbstlos sich einsetzen für Recht und Gerechtigkeit und in dienender Liebe sich sorgen um Würde und Freiheit der menschlichen Persönlichkeit...*[17]

In den beiden Bänden *Statio Orbis*, die nach Beendigung des Eucharistischen Weltkongresses von offizieller Seite zur Dokumentation der Gottesdienste und Veranstaltungen erschienen, findet sich kein Hinweis auf das Internationale Ordenstreffen der Ritter vom Heiligen Grab.[18]

[17] EBAP Nachlass Kardinal Jaeger 9a/5: Manuskript der Predigt vom 2.08.1960; Druck in: Deus lo vult 17 <17.05.1961> 536-538, hier 537.

[18] Vgl. Statio Orbis I u. II sowie Graf Heinz: Der Eucharistische Weltkongress 1960 in München, in: Deus lo vult 16 <Mai 1960>.

Abb. 8: Fenster des Eucharistischen Weltkongresses im Liebfrauendom.

Abb. 9: Predigt des Kardinals Wendel am Festaltar.

Konferenz der Ordensdamen

Trotz des gedrängten Programms am 2. August nahm sich Großprior Jaeger Zeit, eine Konferenz mit den Ordensdamen abzuhalten. Die Initiative ging von der Münchener Ordensdame Elisabeth Freifrau von und zu Guttenberg aus, wie aus ihrem Schreiben vom 4. Juni an die Großkreuzdame Cecilie Fürstin vom Salm-Reifferscheidt hervorgeht:

Liebste Cecily!
... Da ja im Rahmen des Eucharistischen Weltkongresses hier in München ein internationales Treffen von Heilig-Grab-Rittern und Ordensdamen vorbereitet wird, habe ich in der Kapitelssitzung den Vorschlag gemacht, dass wir doch an dem Tag, wo ein gemeinsamen Treffen und auch gemeinsame Besprechungen stattfinden sollen, eine Stunde für uns Frauen reservieren, damit wir auch unsere ausländischen Frauen an diesem Einsatz interessieren können. Das ist doch sicher in deinem Sinne? Du wirst ja doch gewiss zum Eucharistischen Kongress herkommen... Hier in München haben wir uns jetzt zusammengetan und wollen für eine bestimmte Kinderschule eine kleine Hilfsaktion starten. Gott sei Dank sind die Summen, die notwendig sind, um so einen katholischen Kindergarten, der ja unbedingt notwendig ist, um die Kinder schon auf die katholische Schule hinzuführen, sehr bescheiden, so dass unsere Münchener Aktion sicher schon eine Schule aktionsfähig machen wird...
Sehr viel Liebes und alle guten Wünsche von Deiner

Elisabeth Guttenberg

Von den Teilnehmerinnen der Konferenz sind außer Baronin zu Guttenberg und Großkreuzdame Fürstin von Salm-Reifferscheidt beiläufig noch Gudila Freifrau von Pölnitz, Rechtsanwältin Marianne

Thora aus München und Frau Erika Helfrich bekannt.[19] Großprior Jaeger verfasste persönlich das Protokoll der Damenkonferenz mit folgenden Schwerpunkten:

Die Aktivitäten der Ordensdamen der deutschen Statthalterei des Ritterordens vom Hl. Grabe zu Jerusalem

I. Organisatorischer Aufbau:
Unter der Gesamtverantwortung Ihrer Durchlaucht Cecilie Fürstin zu Salm-Reifferscheidt, Großkreuzdame, die vom Statthalter den Auftrag erhalten hat, die Arbeit der Ordensdamen zu animieren, zu dirigieren und zu koordinieren, wird von dem Präsidenten jeder Ordensprovinz im Raume der deutschen Statthalterei eine Ordensdame im Einvernehmen mit Ihrer Durchlaucht Fürstin Salm-Reifferscheidt und mit dem H. H. Großprior beauftragt mit der verantwortlichen Betreuung der Aktivitäten der Ordensdamen dieser Ordensprovinz.
Es bleibt dabei dieser beauftragten Ordensdame überlassen, ob sie je nach der gegebenen Situation den Bereich der Provinz in kleinere Bezirke unterteilt, zu deren Betreuung sie besondere dafür geeignete Ordensdamen beruft...
Es können zur Mitarbeit nicht nur die im Orden investierten Damen, sondern auch die Damen der Ordensritter gebeten werden, auch wenn sie persönlich nicht dem Orden angehören.
Die in der Provinz für die Betreuung der Aktivitäten der Ordensdamen verantwortliche Dame soll aber dem Orden angehören.

II. Die Aktivitäten:
Die Aktivitäten sollen gewählt werden gemäß Artikel 41 des Statuts des Ritterordens vom Heiligen Grabe zu Jerusalem und nach

[19] EBAP Nachlass Kardinal Jaeger 9a/5: Fürstin Salm-Reifferscheidt am 5.09.1960.

den zur Verfügung stehenden Möglichkeiten. Es darf weder eine Ordensdame noch eine Provinz insgesamt überfordert werden...
An vordringlichen Aktivitäten für die Ordensdamen bieten sich an gemäß dem Lagebericht, den S. S. der Lateinische Patriarch von Jerusalem auf dem internationalen Treffen am 2. August 1960 in München erstattet hat:

a) der Bau und die materielle Betreuung von Kindergärten,

b) die Versorgung der Armenapotheken mit den notwendigen Medikamenten und Verbandsstoffen,

c) die Vermittlung von Ausbildungsmöglichkeiten für Rosenkranzschwestern in deutschen caritativen, sozialen und sonstigen Einrichtungen des Frauenschaffens, sowie die Sorge für diese Schwestern während ihrer Ausbildungszeit in Deutschland.

III. Die Koordinierung der Aktivitäten:
Alle geplanten Initiativen sollen zuvor mit ihrer Durchlaucht Fürstin Salm-Reifferscheidt überlegt und abgestimmt werden, um Doppelbetreuung oder Leerlauf zu vermeiden...
Einmal jährlich werden die Ordensdamen, in Verbindung mit der Jahrestagung der deutschen Statthalterei, zu einer besonderen Arbeitsbesprechung zusammentreten, wo der Gesamtbericht über die Arbeit des Jahres gegeben und die gemachten Erfahrungen besprochen werden. Es soll dort auch die Arbeit des neuen Jahres überlegt werden...

München, den 2. August 1960

Dem Protokoll ist eine deutliche Rivalität zwischen Fürstin Salm-Reifferscheidt und Baronin Guttenberg zu entnehmen. Den Hintergrund bildeten die durch Baronin Guttenberg in der Münchener Komturei und der Bayerischen Ordensprovinz angestoßenen und forcierten Projekte für das Heilige Land, über die Fürstin Salm-Reifferscheidt offensichtlich nicht unterrichtet war.

Stand und Entwicklung des Ordenslebens im Jahre 1960

Der im Gründungsjahr der Patrona Bavariae von Präsident Götz Reichsfreiherr von Pölnitz abgefasste erste Ordensbrief der Bayerischen Ordensprovinz schildert anschaulich die Aktivitäten und Pläne der Ordensmitglieder.

Augsburg, 1. Oktober 1960
Fuggerei

1. Ordensbrief

Der Orden innerhalb der Bayerischen Provinz zeigte in diesem Jahr ein sehr erfreuliches Wachstum nach außen und eine Intensivierung seiner inneren Arbeit. Im Einzelnen ist folgendes hervorzuheben:

1. *Im Frühjahr 1960 wurde die Münchener Komturei in Anwesenheit S. Eminenz des Herrn Kardinals Wendel durch den Herrn Statthalter S. Exzellenz Prof. Dr. Freiherr von der Heydte, Würzburg, festlich promulgiert. Die interne Ordensarbeit in München läuft schon seit langer Zeit mit steter Gleichmäßigkeit.*

2. *Der Eucharistische Weltkongress in München fand in zahlreichen seiner Arbeitsgebiete selbstlose Mitarbeiter aus dem Kreis unseres Ordens, denen besonders gedankt sei; vor allem auch dem Münchener Komtur Direktor Dr. Kreuser, der sich großes Verdienst um das Zustandekommen und die Durchführung des Ordenstreffens während der Kongresstage erworben*

hat, ebenso um die Betreuung der auswärtigen Ordensmitglieder innerhalb dieser Zeit; desgleichen den Rittern, die Ehrendienste übernommen haben.

3. *Die drei süddeutschen Provinzen haben laut Beschluss der Stuttgarter Tagung die Errichtung der Schule Mafraq in Transjordanien übernommen. Die Spenden der Ritter laufen sehr erfreulich ein und haben es erlaubt, S. B. dem Herrn Patriarchen Gori schon einen erheblichen Teil dieses wichtigen Instruments weltanschaulicher Erziehung zur Verfügung zu stellen. Allerdings ist es nicht möglich, die Gesamtkosten (rund 45 000 DM) schon 1960 aufzubringen. Die Ritter, die noch nichts für diesen Zweck, der ganz im Sinne der Ordensstatuten liegt, heuer gespendet haben, werden gebeten, ein wirkliches Opfer für diesen Zweck zu bringen und die Überweisung an den bayerischen Schatzmeister Cfr. Dr. Kreuser, München, Conto 30150/70 bei der Dresdner Bank AG., München, vorzunehmen.*

4. *Der Herr Patriarch Gori OFM, der Herr Generalvikar von Amman Msgr. Siman und der Direktor des Priesterseminars von Beit Jala, Prof. Dr. P. Médebielle, sind sehr glücklich und dankbar für diese Hilfe und für den persönlichen Kontakt, den sie bei der Münchener Tagung gewannen. Es steht zu hoffen, dass diese fortdauernde Fühlungnahme der Ordensarbeit sehr zugute kommen wird, ebenso der Kirche im heiligen Land.*

5. *Die Ordensdamen Bayerns und die Damen der Ordensritter, insoweit sie nicht dem Orden angehören, haben sich hochherzig in den Dienst für das Heilige Land eingereiht, indem sie die Sorge für die Kindergärten und Jugendzirkel übernahmen. München: Beit Jala, die Mitglieder außerhalb Münchens: Beit Sahour. Diese sogenannte Aktion ‚Baut Krippen für Bethle-*

hem' ist sehr erfreulich angelaufen. Bei einiger Bereitschaft zu selbstloser Mitwirkung ist anzunehmen, dass Beit Sahour (das Feld der Hirten von Bethlehem) seinen Kindergarten und Jugendzirkel noch dieses Jahr vollenden kann. Beit Jala steht ihm nur wenig nach.

6. *Die Adoption von arabischen armen Theologiestudenten geht sehr gut voran. Die bayerische Provinz hat rund ein Drittel aller in Deutschland betreuten Plätze übernommen. Gegenwärtig sind alle diese Studenten, denen ihr Patriarch und der Direktor hohes Lob zollen, durch die Hilfsbereitschaft der Ordenbrüder und -damen versorgt. Aber es ist damit zu rechnen, dass 1961 neue Zugänge in dem einheimischen Priesterseminar zu verzeichnen sein werden. Der Orden darf froh sein, dass die Arbeit um die Seelsorge (Missionsstationen) im Heiligen Land so gut vorankommt.*

7. *Das Patriarchat hat eine eigene Kongregation ausschließlich arabischer Ordensschwestern, den Orden der Rosenkranzschwestern. Etwa drei von ihnen sind gegenwärtig in Regensburg zur pflegerischen Ausbildung. Es wäre gut, wenn die orts- und berufsnahen Mitbrüder sich um sie kümmern wollten. Sie befinden sich in der Klinik an der Loderstraße zu Regensburg und haben Kontakt mit dem Orden nötig! Es ist nicht zu vergessen, dass dadurch in Bayern der Stamm jener Schwestern herangezogen wird, der nachher im Heiligen Land den Kern jener Organisation bilden soll, welche die Kinderhilfe und Krankenpflege in künftigen Krankenstationen (dispensaires) tragen wird.*

8. *Für diese sehr vielen wichtigen und wahrhaft ordensnahen Zwecke braucht die Provinz ohne Zweifel materielle Mittel, die freiwillig aufgebracht werden müssen. Aber es ist damit*

allein nicht getan. Es handelt sich auch um die Schaffung persönlicher Vertrauenskontakte, gerade hier in Regensburg.

9. *Bei den Aufnahmen wurde vom Prinzip absoluter Streuung in den letzten beiden Jahre abgegangen und stattdessen zur Schwerpunktbildung für die nächsten Jahre übergegangen. Die Methode hat erreicht, dass nach der Münchener Komturei (1960) voraussichtlich 1961 weitere zwei folgen können: Bamberg und Augsburg. Für die fernere Zukunft sind dann Würzburg, außerdem Regensburg oder Passau in Aussicht genommen.*

10. *Zu diesem Zweck bittet die Provinz um die aktive Mitwirkung der Ordensmitglieder, die sich allerdings schon vielfach in dieser Hinsicht ausgezeichnet haben. Wir brauchen taugliche Vorschläge für Ritter und Damen. Dazu persönliche Opfer auf vertraulich freiwilliger Basis. Spendenquittung wird anstandslos gegeben werden. Endlich auch die Interessiertheit weiter Kreise, wo man noch zu wenig über den Orden und die schreiende seelsorgliche und soziale sowie Bildungsnot im Heiligen Land weiß...*

11. *Im neuen Jahr ist die Abhaltung einer Einkehrtagung für die bayerischen Ritter geplant... Die Teilnahme bei öffentlichen Hilfs- und Ehrendiensten ist zur vollen Zufriedenheit unseres H. H. Episkopats angelaufen, aber noch in der natürlichen Entfaltung begriffen.*

12. *Nach der Promulgation der bayerischen Provinz und dem Tag der Ordensritter beim Eucharistischen Kongress 1960 wird der Orden in Bayern im Mai 1961 wieder eine festliche Investitur halten, und zwar in Bamberg. Es wird dringend gebeten, dass die bayerischen Ritter und Damen sich schon heute diesen Termin vormerken, um möglichst vollzählig zu die-*

sem hochfestlichen Tag zu erscheinen, der gerade für unser Ordensleben in Bayern sehr wichtig werden kann. Einzelheiten werden zeitig bekanntgegeben. Allen Ordensbrüdern und -damen gelten die herzlichsten Grüße, ferner aufrichtiger Dank für alles, was die bayerische Provinz geschaffen hat, sodass sie sich als jüngste neben den anderen deutschen Provinzen mit Anstand sehen lassen kann in ihrem Eifer und ihrer Liebe zur Sache. Wir dürfen aber in diesem Wirken nicht erlahmen... Nur so wird es gelingen, dass der Orden nicht nach einem guten Anlauf in die Bahn eines Vereins absinkt, sondern seine besondere Eigenart bewahrt und unter Erfüllung der ihm von den Päpsten gesteckten Ziele auch die menschlich-religiöse Vertiefung seiner Mitglieder und die Schaffung einer echten Gemeinschaft zwischen den Mitgliedern aus unseren sieben bayerischen Bistümern voranbringt... In diesem Sinne darf ich allen Rittern und Ordensdamen nochmals ehrlichen Dank sagen, herzlich grüßen und um fernere Hilfe sehr dringend bitten,

Ihr, Ihnen aufrichtig ergebener
Cfr. Pölnitz
(Präsident der bayerischen Provinz)[20]

Einen aufmerksamen Leser fand der erste Ordensbrief der Bayerischen Provinz in Großprior Lorenz Jaeger. Der Erzbischof von Paderborn bedankte sich umgehend für dessen Zusendung und sparte nicht mit Lob für die bayerischen Aktivitäten. Er hielt allerdings auch seine Bedenken nicht zurück. Sie betrafen die finanziellen Anforderungen an die Ordensmitglieder und die Spendenpraxis.

[20] EBAP Nachlass Kardinal Jaeger 9a/5: Protokoll vom 2.08.1960.

Der Erzbischof von Paderborn

Paderborn, den 17. Oktober 1960

Hochgeboren
Professor Dr. Götz Freiherr von Pölnitz
Augsburg
Fuggerei

Sehr geehrter Herr Baron!

Vielmals danke ich Ihnen für Ihren Brief vom 11. Oktober 1960 und für die Zusendung des 1. Ordensbriefes der bayerischen Provinz unseres Hohen Ordens. Ich freue mich sehr über die erstaunliche Entwicklung der bayerischen Ordensprovinz, die bald alle anderen Provinzen überflügelt haben wird, wenn das Wachstum so anhält. Stark beeindruckt bin ich auch von der großen finanziellen Hilfe, die von den bayerischen Konfratres und Ordensdamen dem Patriarchen Gori geschenkt wird durch die Errichtung der Schule von Mafraq und der Kindergärten von Beit Jala und Beit Schour. Damit kann sich keine andere Ordensprovinz messen; desgleichen nicht mit der großen Anzahl von Patronagen, die bayerische Konfratres über Alumnen des Priesterseminars von Beit Jala übernommen haben.
Es bedrückt mich allerdings etwas die Sorge, dass manchem Konfrater, der nicht mit irdischen Gütern gesegnet ist, diese Sammelaktionen und Aufrufe zu Spenden wehe tun. Es müsste sorgfältig darauf geachtet werden, dass die Freiwilligkeit gewahrt bleibt und ebenso die Diskretion über die Höhe der Spenden, die der einzelne Konfrater aufbringt. Wir sollten bei dem Ordenskapitel im Dezember, anlässlich der großen Investiturfeier in Köln, den Modus gut überlegen, den wir zur Aufbringung der notwendigen Mittel für unsere Hilfsaktion wählen.

Gott schütze und segne Sie und die ganze bayerische Ordensprovinz! Darf ich um eine Empfehlung bitten an Ihre verehrte Frau Gemahlin.
Mit herzlichen Grüßen verbleibe ich in konfraterneller Verbundenheit

Ihr sehr ergebener
✠Lorenz
Erzbischof von Paderborn[21]

Die finanziellen Erwartungen an die Komtureimitglieder der Patrona Bavariae im Jahre 1960 lassen sich an einem prominenten Beispiel ablesen. Ehrengroßprior Kardinal Wendel hatte im Frühjahr durch seinen Sekretär Defregger pauschal 500 DM überbringen lassen. Der Schatzmeister der Bayerischen Ordensprovinz und Leitende Münchener Komtur Dr. Kreuser bedankte sich am 25. Mai beim Kardinal mit einem Verwendungsnachweis der Summe in folgenden Posten: Jahresbeitrag 40 DM; Spende für die bayerische Provinz 60 DM; Karfreitagsopfer 100 DM; Beitrag zum Stipendium der Münchener Komturei für den Studenten Antoun Odeh Issa, Beit Jala 100 DM; Beitrag für die Aktion des Ordens betreffs Schulen im Heiligen Land 200 DM.[22]

Den Weihnachtsbrief des denkwürdigen Jahres 1960 aus der Feder ihres Leitenden Komturs erhielten die Mitglieder der Patrona Bavariae am Tag vor dem Heiligen Abend. Dr. Kreuser lud darin zum Komtureitreffen am Mittwoch, dem 11. Januar 1961, ein. Wie üblich werde man die hl. Messe um 18.00 Uhr in der Dreifaltigkeitskirche feiern; anschließend seien alle ins Haus Kreuser eingeladen. Eine Bitte um zahlreiches Erscheinen erübrigte sich angesichts der

[21] EBAP Nachlass Kardinal Jaeger 9a/5: Jaeger an Poelnitz am 17.10.1960.
[22] EAM Nachlass Kardinal Wendel 19Gr/1960: Kreuser an Wendel am 25.05.1960.

Nachricht: *Ich kann Ihnen die freudige Mitteilung machen, dass Seine Eminenz sein Erscheinen in Aussicht gestellt hat.*[23] Dazu kam es nicht, weil Kardinal Wendel nicht mehr unter den Lebenden weilte. An der eingangs erwähnten Grabtafel Kardinal Wendels im Dom mit dem Motiv des Totentanzes lässt sich die Betroffenheit der Ordensmitglieder im Gründungsjahr ihrer Komturei Patrona Bavariae erahnen.

[23] EAM Nachlass Kardinal Wendel 19Gr/1960: Kreuser, Weihnachtsbrief vom 22.12.1960.

Abb. 10: Papst Pius X. war Großmeister des Ritterordens vom Heiligen Grab. Mosaikbild von Sepp Frank im Liebfrauendom.

2 Zwei Jahrhunderte Vorlauf

Die mit fünfzig Jahren auf den ersten Blick nicht gerade alt erscheinende Münchener Komturei Patrona Bavariae ist bei näherem Hinsehen der Zweig eines beachtlichen Stammbaums mit tiefen Wurzeln und kontinuierlichen Wachstumsringen aus dem frühen 19. Jahrhundert. Gemeint ist die geographische und spirituelle Wiederentdeckung des Heiligen Landes mit Neubelebung des Ritterideals vom Heiligen Grab nach Aufklärung, Revolution und Säkularisation. Sie verdankt sich im deutschen Sprachraum bayerischem Pioniergeist. Als sich die Residenzstadt München unter König Ludwig I. von 1825 bis 1848 zum Isar-Athen wandelte und Ludwigs Sohn Otto I. im Jahre 1832 den Thron des neuen Königreichs Griechenland bestieg, war Palästina gewissermaßen in Nachbarschaft gerückt. In der anschließenden Romantik entwickelten Jerusalem und das Heilige Land besondere Anziehungskraft auf Europa. So kam es zur Errichtung eines anglikanischen Bistums in Jerusalem 1846 und der Wiedererrichtung des Lateinischen Patriarchats an der Grabeskirche durch Pius IX. im Jahre 1847. Die Bitte des Papstes an die katholische Christenheit um Unterstützung der Kirche von Jerusalem fiel auf fruchtbaren Boden. München blühte damals zum Zentrum kirchlichen Aufbruchs weit über Deutschland hinaus auf. Stellvertretend für eine beachtliche Reihe katholischer Persönlichkeiten dieser Ära seien Joseph Görres und Johann Adam Möhler genannt, deren Gräber auf dem Südlichen Friedhof in München noch heute in Ehren gehalten werden.[1]

[1] HUFNAGEL, Berühmte Tote im Südlichen Friedhof zu München 47f. Nr. 37 u. S. 65 Nr. 64.

2.1 Münchener Heilig-Grab-Ritter im Vormärz

Der von Klassik, Romantik und kirchlichem Aufbruch geweitete kulturelle und religiöse Horizont kam in bemerkenswertem Maße den Franziskanern in Palästina zugute. Die Söhne des hl. Franz von Assisi hüteten seit Jahrhunderten die heiligen Stätten und waren Seelsorger der dortigen Diasporachristen und Pilger. Man kann geradezu von einer bayerischen Heilig-Land-Bewegung sprechen. Von den Wittelsbachern war zuletzt Ottheinrich, Pfalzgraf bei Rhein, am 15. April 1521 zu einer Pilgerfahrt ins Heilige Land aufgebrochen und nach vierzehntägigem Aufenthalt in Jerusalem am 16. Dezember des Jahres als Ritter vom Heiligen Grab heimgekehrt. Zum Andenken ließ er 1541 in Brüssel einen kostbaren Gobelin weben, den heute das Bayerische Nationalmuseum in München hütet. Er zeigt die heiligen Stätten Palästinas und den Pfalzgrafen mit seinen Begleitern.[2]

Herzog Maximilian in Bayern (1808-1888)

Der aus der nichtregierenden Linie stammende Herzog Maximilian belebte nach über dreihundertjähriger Unterbrechung als Wittelsbacher die Heilig-Land-Tradition neu. Max, wie er kurz genannt wurde, war der am 4. Dezember 1808 geborene Sohn des Herzogs Pius August in Bayern und dessen Gemahlin Amalie Luise von Ahrenberg. In dem von Pater Benedikt von Holland OSB geleiteten Münchener Seminarium Gregorianum hatte er eine gediegene siebenjährige Schulerziehung erhalten. Sie umfasste Latein, Griechisch, Französisch und Italienisch ebenso wie Musik und Zeichnen. Seine Ehe mit Prinzessin Ludovika Wilhelmine von Bayern, einer Schwester König Ludwigs I., war mit vier Söhnen und fünf Töch-

[2] Hofmann, Denkmäler des Ordens vom hl. Grab in Bayern 648, 664-666.

tern gesegnet. In einer weit angelegten Familienpolitik heirateten sie in europäische Königshäuser von Sachsen bis nach Sizilien ein – seine Lieblingstochter Elisabeth, die bildschöne Sissi, als Gemahlin des Kaisers Franz Josephs I. von Österreich.[3]

Heilig-Land-Fahrt und Ritterschlag 1838

Der literarisch und musisch begabte Herzog hat seine Reise- und Pilgererlebnisse in einem Buch mit dem Titel Wanderung nach dem Orient im Jahre 1838 veröffentlich. Das von Heinrich von Mayr illustrierte Werk ist eine belletristische Kostbarkeit. Wie er in Einzelheiten beschreibt, brach er mit kleinem Gefolge am 20. Januar 1838 – wenige Wochen nach der Geburt seiner Tochter Sissi – von München in Richtung Palästina auf und kehrte nach acht Monaten, am 17. September, wieder in sein Palais in der Ludwigstraße heim. Die Route hatte über Venedig, Korfu, Patras, Athen, Alexandria und Kairo ins Heilige Land geführt, das ihm gar nicht fremd vorkam. Am 7. Mai, so schreibt er,

> *betrat ich den Boden Asiens und zugleich die geweihte Erde des heiligen Landes... Am anderen Morgen verließ ich Gaza. Die Gegend wurde immer lieblicher, immer grüner. Nachdem ich am Nachmittage mit der Karavane einen Hügel erstiegen, zeigte sich in der Ferne das Gebirge von Judäa. Der Anblick dieser wahrhaft reizenden Landschaft erinnerte mich lebhaft an die schöne Gegend um Regensburg. Ich glaubte mich einen Augenblick im bayerischen Vaterlande, wie überhaupt*

[3] Rall, Die Wittelsbacher in Lebensbildern 413-416. Vgl. Vorwort von Hansen Walter in: Bayern, Wanderung nach dem Orient 9-11. Röder Benedikt Mario Die Wittelsbacher Stiftung „Domus Gregoriana“ zu München. Institutions- und Sozialgeschichte eines kurfürstlichen Seminars seit Aufhebung des Jesuitenordens 1773 bis 1806. FS des Studienseminars Albertinum zum 75. Geburtstag S.K.H. Herzog Franz von Bayern <München 2009>.

der Charakter des Ganzen mich an Gegenden Deutschlands mahnte...

Weil das Franziskanerkloster unter Quarantäne stand, konnte der Custos den Ritterschlag an Herzog Max nicht in der Grabeskirche vollziehen. Er nahm den Akt in der Franziskanerkirche St. Salvator vor. Der Herzog legte trotz der Ansteckungsgefahr Wert darauf, den Ritterschlag vom Custos persönlich zu empfangen. Max berichtet in diesem Zusammenhang mit Genugtuung, dass Herzog Franz Ferdinand von Joinville, ein Prinz aus dem Hause Bourbon, vor einigen Jahren nur *durch Prokura* – in Stellvertretung – den Ritterschlag erhalten hatte.[4]

Die Kapelle des Gegeißelten Erlösers in Jerusalem

Herzog Maximilian empfand sich durch den Besuch der heiligen Stätten, allen voran Bethlehem, Nazareth und Jerusalem, reich beschenkt – und kam nicht mit leeren Händen. Sein Schwager, König Ludwig, hatte ihm als Pilgeropfer zu Händen der Franziskaner die 1838 erstmals in allen bayerischen Kirchen abgehaltene Jerusalemkollekte mitgegeben. In Jerusalem erinnert eine Marmortafel am linken Stützpfeiler der Frontseite der Geißelung-Christi-Kapelle an die fürstliche Gabe aus Bayern. Der osmanische Gouverneur von Ägypten und Palästina, Ibrahim Pascha, hatte den Franziskanern 1836 die in einem türkischen Kasernenhof liegenden Ruinen der Kapelle großzügig zurückgegeben. Für den Wiederaufbau fehlten aber die Mittel. An der Wiedererrichtung gerade dieses Jerusalemer Gotteshauses unter seinem alten Titel *zu Ehren des Gegeißelten Erlösers* mitzuwirken, dürfte Herzog Max providentiell erschienen sein. Stellte der Akt doch einen symbolischen Brückenschlag zwischen Jerusalem und Bayern dar.

[4] Bayern, Wanderung nach dem Orient 123.

Abb. 11: Die Kapelle des Gegeißelten Erlösers in Jerusalem.

Abb. 12: Die Erinnerungstafel an der Kapelle des Gegeißelten Erlösers.

Denn zum Gnadenbild des *Gegeißelten Erlösers* in der Wieskirche bei Steingaden begannen damals dank der Kirchen- und Klosterpolitik König Ludwigs, die sein Innen- und Kultusminister Karl August von Abel tatkräftig unterstützte, die Wallfahrten wieder aufzuleben.[5]

Die lateinische Inschrift an der Kapelle des Gegeißelten Erlösers in Jerusalem lautet in deutscher Übersetzung:

Dem Herzog Maximilian in Bayern
geboren am 4. Dezember 1808,
gestorben am 15. November 1888,
der diese Heilige Stadt Jerusalem
vom 9. bis zum 15. Mai 1838
während einer Pestzeit besuchte
und dankbaren Sinnes dem Gegeisselten Erlöser
zur Wiederherstellung dieser Kapelle
der Custodie des Heiligen Landes
die Mittel spendete,
setzte der Katholische Deutsche Arbeiterverein
im Jahre 1900
auf seiner Heiligland-Pilgerreise
die Ehrentafel [6]

Herzog Maximilian in Bayern, der erste bayerische Ritter vom Heiligen Grab zu Jerusalem und das erste deutsche Ordensmitglied eines regierenden Hauses nach der Säkularisation überhaupt, erwartet den Jüngsten Tag in der Fürstengruft zu Tegernsee. Als der *Deutsche Katholische Arbeiterverein* dem Pionier aus Bayern im

[5] Fürst, Im Land des Herrn 297-299.

[6] Für freundliche Hilfe sei Herrn P. Dr. theol. Heinrich Fürst OFM, Bad Staffelstein-Vierzehnheiligen, gedankt.

Heiligen Jahr 1900 eine Ehrentafel an der Kapelle des Gegeißelten Erlösers widmete, vollzog sich dieser Akt im Rahmen größerer deutscher Pläne zugunsten des Heiligen Landes. Kaiser Wilhelm II. hatte auf seiner Palästinareise den deutschen Katholiken ein auf dem Berg Sion liegendes, von ihm käuflich erworbenes Gelände geschenkt. Die Stätte gilt nach alter Überlieferung als jener Ort, an dem die Gottesmutter starb. Die im Jahre 1900 in Bonn tagende Generalversammlung der Katholiken Deutschlands – kurz Katholikentag genannt – begrüßte am 3. September einstimmig die Errichtung einer Votivkirche *Mariä Heimgang* auf dem Berg Sion. Wörtlich heißt es dort:

> *Die Sammlung zu dieser Kirche habe die Summe von einer halben Million ergeben, so dass nunmehr zur Grundsteinlegung dieser Kirche geschritten werden kann. Die Pläne sind vollendet... und so werden denn in 4 Wochen, am 24. September, 500 deutsche Männer, darunter 160 Priester, nach Jerusalem gehen, um dort in feierlicher Weise den Grundstein zu dieser Marienkirche auf dem Berge Sion zu legen.*[7]

Die für damalige Verhältnisse außergewöhnlich große *Pilgerkarawane* steuerte auf Bitten Papst Leos X. zunächst Rom an, um mit seinem Segen nach Jerusalem weiterzuziehen. Die dem Katholischen Arbeiterverein angehörenden bayerischen Pilger erinnerten mit der Ehrentafel an der Geißelungskapelle daran, dass deutsche Heilig-Land-Hilfe seit 1838 Tradition hatte.[8]

[7]Verhandlungen der 47. General-Versammlung der Katholiken Deutschlands zu Bonn vom 2. bis 6. September 1900, hrsg. V. Lokal-Komitee zu Bonn <Bonn 1900> 88f. SCHMITT Hermann-Josef: Arbeiterbewegung, in: LThK I <1957> 808-810 (1847 erster Arbeiterverein in Regensburg, 1892 Gründung des Verbands süddeutscher katholischer Arbeitervereine, Sitz München).

[8]Das heilige Land 46/NF 7 <1902> 93. FÜRST, Im Land des Herrn 297.

König Ludwig I. und das Heilige Land

Das Aufblühen des kirchlichen Lebens in Bayern nach der Säkularisation, die Wiedererrichtung von Klöstern und die Belebung der Volksfrömmigkeit verbinden sich aufs engste mit dem 1786 in Straßburg geborenen und 1868 in Nizza verstorbenen König Ludwig I. von Bayern, der 1825 zur Regierung kam. Die Schattenseiten seines Charakters beleuchtet die Affäre mit der Tänzerin Lola Montez, die ihm 1848 den Thron kostete. Sein Grab hüten die Münchener Benediktiner von St. Bonifaz. Ob Ludwig von seinem Schwager für das Heilige Land begeistert wurde oder vielmehr der König seinen Schwager zur Wahrnehmung seiner Interessen nach Palästina entsandt hatte, ist aus den gedruckten Quellen nicht schlüssig zu beantworten. Auf letzteres deutet allerdings hin, dass Ludwig am Palmsonntag 1838 eine landesweite Kollekte anordnete. Im selben Jahr rief der König den nach seinem Namenspatron benannten Ludwig-Missionsverein ins Leben. Der hl. König Ludwig von Frankreich (1219-1270) hatte als begeisterter Kreuzfahrer in Paris die wundervolle Saint Chapelle als Heiligtum der Dornenkrone Christi erbauen lassen. Am 6. August 1838 fragte Innenminister Abel im Auftrag des Königs bei Erzbischof Lothar von Gebsattel an, wie man die Franziskaner am Heiligen Grab in Jerusalem unterstützen könne. Wie auch immer die nicht bekannte Antwort des Erzbischofs gelautet haben mag, der Entschluss des Königs dürfte längst festgelegen haben. Denn die am 12. Dezember 1838 unterzeichnete Satzung des Ludwig-Missions-Vereins bestimmte als Vereinszweck:

> *Die Unterstützung der Väter vom Orden des heiligen Franzikus zu Jerusalem als Bewahrer und Erhalter des heiligen Grabes, und als Pfleger der abendländischen, dorthin wallfahrenden und reisenden Christen, und die Erhaltung des heiligen Grabes.*[9]

[9] Mathäser, Der Ludwig-Missionsverein 81-84 u. 92 (Zitat).

Abb. 13: Herzog Maximilian in Bayern.

Abb. 14: König Ludwig I. von Bayern.

Der Ludwig-Missionsverein überwies seitdem den in Palästina wirkenden Franziskanern jährlich 6 000 Gulden; die landesweit abgehaltene Palmsonntagskollekte erbrachte jährlich bis zu 12 000 Gulden. Die beiden Münchener Universitätsprofessoren Dr. George Phillips und Dr. Guido Görres spendeten 1839 privat 7 400 Gulden und sammelten bei den Lesern der von ihnen redigierten *Historisch-politischen Blätter für das katholische Deutschland*, der führenden kath. Zeitschrift im deutschsprachigen Raum, mehr als 30 000 Gulden, mit denen sie eine Ewige Messe in der Grabeskirche zu Jerusalem stifteten.[10]

Erzbischof Karl August Kardinal von Reisach

Zum Kreis der Münchener Ordensritter im Vormärz gehörten prominente Persönlichkeiten. Nach Herzog Max ist an erster Stelle der von 1846 bis 1856 amtierende Erzbischof von München und Freising, Karl August Kardinal von Reisach, zu nennen. Er gehörte seit 1844 dem Ritterorden an. An den designierten Präsidenten des Ersten Vatikanischen Konzils, der vor Eröffnung desselben als Kardinalbischof von Santa Sabina am 22. Dezember 1869 starb und in der römischen Titelkirche Santa Anastasia begraben liegt, erinnert im Münchener Liebfrauendom keine Gedenktafel. Reisach tat sich mit München und dieses mit ihm nicht leicht. Er wurde am 6. Juli 1800 in Roth b. Nürnberg als Sohn des Landrichters Johann Adam Graf von Reisach und dessen Ehefrau Therese Freiin von Gumppenberg geboren. Seine Studien an führenden deutschen Universitäten und am römischen Germanicum et Hungaricum beschloss er mit dem Doktorat in beiden Rechten und dem in Theologie. Nachdem er 1828 in Rom die Priesterweihe erhalten hatte, wurde er dort zwei

[10] SEPP, Jerusalem und das heilige Land I, S. XXI. CRAMER, Der Ritterorden vom Hl. Grabe 148. LANG Albert: Ludwig-Missionsverein, in: LThK VI <1961> 1196f.

Jahre später Rektor des päpstlichen Kollegs der Propaganda. König Ludwig I., der ihn von Rombesuchen persönlich kannte, hätte ihn schon 1835 gerne als Bischof von Eichstätt gesehen, doch hatte sich Reisach dem Ansinnen entzogen. Als der 36-jährige römische Prälat aus Bayern im folgenden Jahr wieder vom König umworben wurde, erklärte er sich bereit. Die Bischofsweihe erteilte ihm Papst Gregor XVI. am 17. Juli 1836 in der römischen Basilika Santa Maria Maggiore, seine Inthronisation in Eichstätt erfolgte am 13. März 1837. Gegen den Widerstand des Münchener Erzbischofs Lothar von Gebsattel setzte König Ludwig auf Empfehlung des Reisach freundschaftlich verbundenen Innenministers Karl von Abel beim Heiligen Stuhl durch, dass er 1841 zum Koadjutor Gebsattels mit dem Recht der Nachfolge ernannt wurde. Eine erste Verstimmung zwischen König Ludwig und Reisach brachte noch im besagten Jahr die Weigerung desselben, die Trauerfeierlichkeiten für die verewigte Königin Karoline zu leiten, weil diese protestantischen Bekenntnisses war. Die Entfremdung erreichte ihren Höhepunkt, als Reisach 1846 für einen päpstlichen Jubiläumsablass kein königliches Plazet einholte. Der König ersuchte daraufhin den Papst, Reisach als Kurienkardinal nach Rom zu befördern. Erst am 17. Dezember 1855 kam Papst Pius IX. dem Ersuchen nach und verlieh Reisach den roten Hut. Auf sein Münchener Bistum verzichtete er am 19. Juni 1856. Aus dem deutschen Episkopat des 19. Jahrhunderts sticht der hochbegabte und vielseitige, kompromisslos die Freiheit der Kirche einfordende Reisach als Einzelgänger hervor. Er war der erste Germaniker, der einen deutschen Bischofsstuhl bestieg, und der erste Münchener Erzbischof, der eine Bayerische Bischofskonferenz einberief und damit eine bis heute bestehende Institution begründete.[11]

[11] Cramer/Frohm, Der Ritterorden vom Hl. Grabe 74. Zeis Anton: Reisach, Karl August Graf von, in: Gatz, Die Bischöfe 1785/1803 bis 1945, S. 603-606.

Innen- und Kultusminister Karl August Ritter von Abel

Der von König Ludwig als *erster Staatsmann* gewürdigte Karl August Ritter von Abel spielte im bayerischen Vormärz eine führende Rolle. Seine Promotion zum Ritter des Heiligen Grabes erfolgte zusammen mit der des ihm befreundeten Erzbischofs Reisach im Jahre 1844. Am 17. September 1788 in Wetzlar als Sohn eines Prokurators am Reichskammergericht evangelischer Konfession geboren, trat er nach abgeschlossenem Jurastudium 1810 in den bayerischen Staatsdienst. Seit 1817 Stadt- und Polizeikommissar in Bamberg, rückte er 1819 zum Regierungsrat und 1827 zum Ministerialrat in München auf. Im Landtag befürwortete er 1831 die Pressefreiheit und die Aufhebung der Zensur. Die Jahre 1832 bis 1834 verbrachte Abel in Griechenland. Dort setzte er sich als Mitglied des Regentschaftsrates unter König Otto für die Einrichtung liberaler Institutionen ein. Nach seiner Rückkehr wieder als Ministerialrat tätig, trat er unter dem Einfluss des Konvertiten und Ministerialrats George Phillips zur Katholischen Kirche über. König Ludwig ernannte ihn 1838 zum bayerischen Innenminister, später auch zum Kultusminister. Abel begann jeden Arbeitstag mit der Eucharistiefeier in der Herzog-Spital-Kirche; auch scheute er sich nicht, mit den Münchener Wallfahrern zu Fuß zur Gottesmutter nach Altötting zu pilgern. Wegen seiner konfessionell betonten Kulturpolitik bekämpften ihn Liberale und Protestanten in gleicher Schärfe. Der Minister verteidigte die Klostergründungen König Ludwigs und ergriff in den Kölner Wirren Partei für den verhafteten Erzbischof Clemens August Droste zu Vischering. Obgleich ihm Konvertitenbegünstigung und Erschwerung evangelischer Gemeindegründungen vorgeworfen wurden, verfocht er katholische Ziele nicht einseitig. So richtete er die Münchener Universität personell zwar katholisch, die in Erlangen aber protestantisch aus. Dem öffentlichen Widerstand nachgebend, entzog ihm der König 1846 das Kultusministerium. Als Abel sich dem Ansuchen Ludwigs verweigerte, der Tänzerin Lola Montez das Indigenat einer Gräfin Landsberg zu erteilen, verlor er 1847 auch das Innenministerium. Abel trat daraufhin an die Spitze der katholischen Opposition. Seine Mission als bayerischer Gesandter am Hof in Turin blieb Episode. Bereits 1848 kehrte er als Ratgeber des jungen Königs Maximilian II. nach München zurück. Benno Hubensteiner beurteilt ihn wie folgt: Obgleich nach Herkommen und Bildungsgang einem *alten Montgelas-Beamten vergleichbar, habe er sich zu einem überzeugungstreuen, schroff nach außen betonten Katholizismus durchgerungen. Dazu war Abel einer der scharfsinnigsten Juristen, die je an der Spitze der bayerischen Verwaltung gestanden sind, überhaupt ein Mann von eiserner Energie, der seine Wünsche auch in der Kammer mit ungewohnter Festigkeit zu vertreten wusste.* Abel starb am 3. September 1859 in München und wurde auf dem Südlichen Friedhof beigesetzt.[12]

Alexander Graf von Francken-Sierstorpff

Der Graf entstammte einer um 1700 in den Reichsadel erhobenen Familie, die im 18. Jahrhundert mehrere geistliche Würdenträger in Köln und Hildesheim gestellt hatte. Alexander war 1818 geboren und wurde 1844, d. h. mit 26 Jahren, als Münchener Bürger in den Ritterorden vom Heiligen Grab zu Jerusalem aufgenommen. Da seine Aufnahme zeitgleich mit der des Erzbischofs Reisach und des Ministers Abel erfolgte, kann auf enge Beziehungen geschlossen

[12] Kosch, Das Katholische Deutschland 2f. Cramer, Der Ritterorden vom Hl. Grabe vom Beginn des 17. Jahrhunderts bis zur Reform durch Pius IX. 150f. Dickerhoff Harald: Aufbruch in München, in: Boehm/Spörl, Ludwig-Maximilians-Universität 215-250, hier 240-244, bes. 241 Nr. 386 (Foto). Hubensteiner, Bayerische Geschichte 394-396, 400, 404 u. 406, hier 394 (Zitat) Hufnagel, Berühmte Tote im Südlichen Friedhof 57 Nr. 53 (Lage des Grabes M 1 222, Grabtafel verloren).

werden. Er starb 1875.[13]

Universitätsrektor Dr. George Phillips

Der 1846 zum Ritter vom Heiligen Grab promovierte Rektor der Münchener Universität Dr. George Phillips gilt als *Erneuerer des kirchlichen Bewusstseins und bedeutendster Kanonist des 19. Jahrhunderts.* Er wurde am 6. Januar 1804 als Sohn des englischen Kaufmanns James Phillips und dessen aus Schottland stammender Ehefrau Eleonore im ostpreußischen Königsberg geboren. Er studierte Rechtswissenschaft in Berlin, Göttingen und England. Mit 23 Jahren als Schüler des renommierten Rechtsgelehrten Friedrich Carl von Savigny bereits a. o. Professor in Berlin, konvertierte er mit seiner Gemahlin 1828 zur Katholischen Kirche. König Ludwig I. berief ihn 1833 als Ministerialrat nach München und ernannte ihn im folgenden Jahr zum Ordinarius für Geschichte, dann zum ordentlichen Professor beider Rechte an der Ludwig-Maximilians-Universität. In den Jahren 1845/46 bekleidete Phillips das Amt des Rektors der Münchener Universität. Mit Karl Ernst Jarcke, Josef Görres und dessen Sohn Guido hatte er 1838 die *Historisch-politischen Blätter für das katholische Deutschland* begründet. Zum Freundeskreis gehörten Erzbischof Reisach und Innenminister Abel. Mit letzterem teilte er im Zuge der Lola-Montez-Affäre die Amtsenthebung durch König Ludwig. Phillips ließ sich daraufhin als Kandidat des Wahlkreises Bayern in das Frankfurter Parlament wählen, dem er vom 18. Mai 1848 bis zum 7. Mai 1849 als Abgeordneter des CM (Café Milani) angehörte. Zwei Jahre später folgte er dem Ruf auf eine Professur nach Innsbruck, 1861 dem an die juristische Fakul-

[13] Cramer, Der Ritterorden vom Hl. Grabe vom Beginn des 17. Jahrhunderts bis zur Reform durch Pius IX., S. 150f. Zu geistlichen Würdenträgern der 1700 in den Reichsadelsstand erhobenen Familie von Francken-Sierstorpff in Köln und Hildesheim im 18. Jahrhundert s. GATZ, Bischöfe 1648-1803, S. 122f.

tät der Universität Wien. Unter großem Einsatz warb Phillips zusammen mit dem Freiburger Professor beider Rechte Ritter Franz Joseph von Buß (1803-1878) für die Errichtung einer Katholischen Universität im deutschen Sprachraum. Sein von 1845 bis 1872 mit theologischer Begründung verfasstes siebenbändiges *Kirchenrecht*, das er dem Andenken Joseph Görres' widmete, trug wesentlich dazu bei, kirchlichen Belangen in der Öffentlichkeit Geltung zu verschaffen. George Phillips starb am 6. September 1872 in Aigen b. Salzburg.[14]

Universitätsprofessor Dr. Johann Nepomuk Sepp

Während George Phillips per procura – im Auftrag des Custos der Franziskaner im Heiligen Land – in den Ritterorden aufgenommen worden sein dürfte, empfing sein Münchener Universitätskollege Professor Dr. phil. Johann Nepomuk Sepp am 18. Januar 1846 den Ritterschlag am Heiligen Grab in Jerusalem persönlich. Sepp wurde am 7. August 1816 als Sohn einer alteingesessenen Färber- und Rotgerberfamilie in Tölz geboren. Nachdem er in München das Reifezeugnis erworben hatte, studierte er ab 1834 bei Joseph Görres Geschichte und bei Johann Adam Möhler Theologie. In den Jahren 1836/37 war er Alumne des Herzoglichen Georgianum und empfing die Niederen Weihen. Nachdem er seinen Berufswunsch überdacht hatte, wurde er 1839 mit einer Dissertation bei Joseph Görres zum Dr. phil. promoviert und Universitätsdozent. 1845/46 besuchte Sepp Syrien, Ägypten und Palästina. Zum Abschied empfing er in der Grabeskirche zu Jerusalem den Ritterschlag. Nach seiner Rückkehr erhielt er von König Ludwig die Professur für Geschichte an

[14] Cramer, Der Ritterorden vom Hl. Grabe vom Beginn des 17. Jahrhunderts bis zur Reform durch Pius IX., S. 150f. Kosch, Das Katholische Deutschland 3562f. Poelmann Benno: Phillips, George, in: LThK VIII <1963> 468. Schwarz, MdR II, 86. Brandt, Eine Katholische Universität für Deutschland? 538 (Register). Frdl. Mitteilung von Dr. Franz Menges, München.

der Münchener Universität übertragen, die er ihm aber im Zuge der Lola-Montez-Affäre bereits 1847 wieder entzog. Aus München verbannt, ließ sich Sepp für den Wahlkreis 4 Bayern in die Frankfurter Nationalversammlung wählen, der er als Mitglied der Casino Partei 1848/49 angehörte. Im Mai 1849 schloss er die Ehe mit der Rheinländerin Anna Sybilla Clemens, die mit elf Kindern gesegnet wurde. Von 1849 bis 1855 und 1869 bis 1875 saß er als Fraktionsloser im Bayerischen Landtag. Von 1850 bis zu seiner erzwungenen Emeritierung 1867 wieder im Besitz der Münchener Professur, ließ er sich 1868 in das deutsche Zollparlament wählen. Im Auftrag Ottos von Bismarck unternahm er 1874 eine Orientreise, auf der er in Tyrus das Grab des Kaisers Barbarossa glaubte gefunden zu haben. Seine Studien *Jerusalem und das heilige Land* veröffentlichte er als zweibändiges Werk mit zahlreichen Kupferstichen. Auf dem Titelblatt ließ er unter seinem Namenszug *Professor der Geschichte an der Hochschule München* und gleich dahinter *Ritter des heiligen Grabes* setzen. Sepp war ein vielseitig interessierter Universalgelehrter, der zahlreiche gelehrte Veröffentlichungen herausbrachte und auch als Parlamentarier sein Wissen nicht zurückhielt. Spötter nannten ihn deshalb *umgestürzte Bücherkiste.* Seine patriotischen Schriften und Initiativen zur Errichtung von Kriegerdenkmälern zeigen seine Befangenheit im Zeitgeist. Als Politiker bot Sepp das Beispiel eines bayerischen Patrioten, der 1848 für ein großdeutsches Reich – mit Österreich und Preußen – plädierte, seit dem deutsch-französischen Krieg 1870/71 aber deutschnational dachte und die Zugehörigkeit Bayerns zum Deutschen Reich unter der Krone Preußens verteidigte. Johann Nepomuk Sepp starb am 5. Juni 1909 in München und fand sein Grab auf dem Südlichen Friedhof. In seiner Geburtsstadt Bad Tölz würdigt eine Gedenktafel an der Franziskanerkirche ihren Ehrenbürger. Zu seinem hundertsten Todestag am 5. Juni 2009 rief das dortige Stadtmuseum Sepps Persönlichkeit mit einer Ausstellung in Erinnerung.[15]

Johann Heinrich von Palm und Renatus von Kescado

Der in München ansässige Johann Heinrich von Palm wurde im selben Jahr 1846 wie Prof. Sepp in den Orden aufgenommen. Möglicherweise hatte er diesen auf seiner Palästinareise begleitet. Als Beruf ist *Geschichtsschreiber des Königs* angegeben, was auf Nähe zur Residenz schließen lässt. Letzteres trifft sicherlich auf den Kammerherrn Renatus Ernst von Kescado aus München zu, der im folgenden Jahr Ordensritter wurde.[16]

Rückblick: Große Pläne – tiefe Ernüchterung

Ein zeitgenössischer Rückblick auf die Beziehungen zwischen Bayern und dem Heiligen Land stammt aus der Feder des erwähnten Ordensmitgliedes Johann Nepomuk Sepp. Er schildert aufschlussreich die bayerischen Aktivitäten und Pläne für das Heilige Land im Vormärz, mit tiefer Ernüchterung aber auch, was 1847/48 in die Brüche ging:

> *Damals stand Bayern unter seinem König Ludwig an der Spitze der kirchlichen Bewegung wie eine Großmacht geachtet da, und ihm kam es zu, auch im Oriente seine Stellung einzunehmen, zumal Griechenland dem Hause Wittelsbach zugefallen*

[15] SEPP, Jerusalem und das heilige Land I u. II. DERS., Neue hochwichtige Entdeckungen. DERS: Tausendjährige Kriegsgeschichte des Bayeroberlandes <München 1896>. HUBENSTEINER, Bayerische Geschichte 428. HUFNAGEL, Berühmte Tote auf dem Südlichen Friedhof 38f. Nr. 22 (Lage des Grabes M r 195). SCHWARZ, MdR II 99. BANNIER Rainer: Tölzer Querdenker schrieb Geschichte. Ausstellung zum Todestag von Johann Nepomuk Sepp, in: Tölzer Kurier v. 29.05.2009.

[16] CRAMER, Der Ritterorden vom Hl. Grabe vom Beginn des 17. Jahrhunderts bis zur Reform durch Pius IX., S. 150f. HUBENSTEINER, Bayerische Geschichte 334. Frdl. Mitteilung von Dr. Franz Menges, München.

> *war. Mit allgemeinen Zusicherungen 1845 entlassen, erstattete ich 1846 nach meiner Heimkunft noch in Folge besonderer Aufforderung über die Zustände des heiligen Landes und die von mir in Vorschlag gebrachte Errichtung eines deutschen Franziskanerklosters, sowie über die Einführung barmherziger Schwestern in Jerusalem ausführlichen Bericht. Mein dringender Vorschlag ging auf die Erwerbung der Ruinen des alten Johanniterspitals, wo schon unter Karl dem Großen das Monasterium de Maria latina, Pilgerherberge und Krankenhaus unter der Pflege eines religiösen Schwesternbundes bestanden und später daneben das weltberühmte Hospital des kriegerischen Ordens sich erhoben hatte. Sowohl der bayerische Ordensprovinzial der Minoriten als die Generaloberin der Schwestern des heiligen Vincenz erklärten sich zur Uebernahme der beiden Stifte bereit. Als Arzt sollte eine wissenschaftliche Celebrität aus Bayern... nach Jerusalem übersiedeln, um zugleich als Consul im Namen Österreichs und Bayerns die neue Anstalt zu überwachen..., als – das Füßchen einer Tänzerin das ganze Projekt über den Haufen warf... Das Andenken an die ganze Aktion retteten einige Ordenskreuze vom heiligen Grabe, welche nach Vorschlag an der Brust des bayerischen Ministerpräsidenten, des Herrn Erzbischofs (nunmehr Cardinals) und von ein paar Bischöfen und Professoren haften blieben. Auch ich ward für meinen Kreuzzug zur Vertheidigung des heiligen Grabes zum Ritter geschlagen...*[17]

Mit dem *Füßchen einer Tänzerin* spielte Sepp auf die Lola-Montez-Affäre des Königs an, die Abel seinen Ministersessel und den Professoren Phillips und Sepp ihre Lehrstühle gekostet hatten. Insgesamt zählte der Münchener Kreis der Ritter vom Heiligen Grab

[17] Sepp, Jerusalem und das heilige Land I, S. XXIIs. (Es handelte sich nicht um den Ministerpräsidenten, sondern den Innenminister).

Abb. 15: Universitätsprofessor Dr. Johann Nepomuk Sepp.

Abb. 16: König Otto von Bayern.

im Vormärz acht Persönlichkeiten von erheblicher gesellschaftlicher Bedeutung.

2.2 Münchener Heilig-Grab-Ritter seit 1848

In der Ordensgeschichte der Ritter vom Heiligen Grab spielt das Jahr 1848 keine Zäsur wegen der politischen Ereignisse in Europa, sondern weil seine mehr als fünfhundertjährige franziskanische Ära zu Ende ging. Am 16. Januar des Jahres erteilte der Custos der Franziskaner im Heiligen Land zum letzten Mal den Ritterschlag. Der Neuinvestierte war der erste Lateinische Patriarch nach Wiedererrichtung des Patriarchats, Monsignore Josephus Valerga (†1872) aus Italien. Seitdem lag das Promotionsrecht beim jeweiligen Patriarchen. Hatte es bis dahin nur eine Klasse von Rittern gegeben, so erreichte Patriarch Valerga nach zwei Jahrzehnte langem Bemühen beim Heiligen Stuhl eine Anpassung des Ordens an neuzeitliche Bedürfnisse. Pius IX. verlieh dem Orden 1868 den Charakter eines päpstlichen Ritterordens und dem Patriarchen das Recht, das Ordenskreuz in drei Klassen zu verleihen: Ritter, Komtur und Großkreuzritter.[18]

Konfrater Franz Liszt

In den zwei Jahrzehnten bis zur Neuordnung 1868 investierte Patriarch Valerga 91 Kandidaten aus dem alten Reichsgebiet, einschließlich Österreich. Von ihnen waren sieben Münchener Bürger: 1855 Karl Wils, 1856 Peter Zermann, 1860 Hermann Schlintveit

[18] Cramer/Frohn, Der Ritterorden vom Hl. Grabe 74-81. Allgemein s. Hürten Heinz: Kurze Geschichte des deutschen Katholizismus 1800-1960 <Mainz 1986> 79-135.

und Robert Schlintveit, vermutlich Brüder, 1861 Freiherr Maximilian von Vequel-Westernach (1818-1875), 1862 Johann Maria Brienen und Ludwig Maria Brienen, vermutlich ebenfalls Brüder. Aus bayerischem Blickwinkel ist in diesem Zusammenhang zu erwähnen, dass 1863 der Komponist Franz Liszt Ordensmitglied wurde, dessen Tochter Cosima Richard Wagner ehelichte. Liszt hielt sich seit 1861 in Rom auf, studierte dort Theologie und empfing die Tonsur, die Niederen Weihen und den Ritterschlag. Sicherlich hat der Komponist in Rom die Bekanntschaft mit dem Ritter vom Heiligen Grab, einzigen deutschen Kurienkardinal und besonderen Vertrauten Pius IX., dem ehemaligen Münchener Erzbischof Reisach, gemacht. Der 1886 in Bayreuth gestorbene und begrabene Konfrater Abbé Franz Liszt gehört zweifelsohne zu den weltweit bekanntesten Ordensmitgliedern, die in bayerischer Erde ruhen.[19]

König Otto von Bayern

Der von 1868 an unter dem besonderen Rechtsschutz des Heiligen Stuhls stehende Ritterorden vom Heiligen Grab konnte sich wegen des Kulturkampfes der 70er und 80er Jahre in Deutschland kaum entfalten. Bevor der Sturm losbrach, hatte es 1869 mit Prinz Otto von Bayern noch einmal eine prominente Investitur gegeben. Die näheren Umstände sind nicht bekannt. Vermutlich hat Kardinal Reisach den am 27. April 1848 geborenen Prinzen für die Ordensidee gewonnen. Er war als zweiter Sohn König Max' II. und dessen Gemahlin Marie Prinzessin von Preußen in München geboren. *Otto entwickelte sich früh zu einem aufrichtigen und an verschiedenen*

[19] Cramer, Der Ritterorden vom Hl. Grabe vom Beginn des 17. Jahrhunderts bis zur Reform durch Pius IX. 165 u. 167f. Cramer/Frohn, Der Ritterorden vom Hl. Grabe 77f. Franz Liszt (1811-1886) aus Raiding/Burgenland, gestorben in Bayreuth; seine Tochter Cosima war seit 1865 Lebensgefährtin Richard Wagners, den sie 1870 heiratete.

Wissensgebieten auch durch Reisen und Bücherstudium interessierten Menschen, vor allem aber zu einem tief religiösen Charakter. Am deutsch-französischen Krieg 1870/71 nahm er als junger Offizier teil und vertrat seinen Bruder König Ludwig II. bei der Kaiserproklamation in Versailles. Obgleich seit 1876 in psychiatrischer Behandlung, wurde er 1886 formell Nachfolger seines unter mysteriösen Umständen verewigten Bruders Ludwig. Bis 1912 führte sein Onkel Leopold als Prinzregent für ihn die Regierungsgeschäfte, dann dessen Sohn, der sich 1913 als König Ludwig III. proklamieren ließ. König Otto starb am 11. Oktober 1916 in Fürstenried und wurde in der Wittelsbacher Fürstengruft der Jesuitenkirche St. Michael in München beigesetzt.[20]

Erzbischof Antonius von Thoma

Mit dem Stadtpfarrer der Münchener Heilig-Geist-Kirche Antonius von Thoma, der nach kurzer Tätigkeit als Münchener Dompfarrer im Frühjahr 1889 Bischof von Passau und bereits im Herbst des Jahres Erzbischof von München und Freising wurde, trug nach Kardinal Reisach ein weiterer Münchener Oberhirte das Ordenskreuz der Ritter vom Heiligen Grab. Anton Thoma war 1829 in Nymphenburg als Sohn eines herzoglichen Jägers geboren. Neuere Untersuchungen lassen es wahrscheinlich erscheinen, dass er ein unehelicher Sohn König Ludwigs I. war. Seinen Unterhalt als Gymnasiast in Freising und sein Theologiestudium ab 1848 in München verdiente er sich durch Nachhilfeunterricht. Eine Freistelle im Herzoglichen Georgianum enthob ihn vom folgenden Jahr an finanzieller Sorgen. Nach Empfang der Priesterweihe 1853 in Freising wirkte er als Kaplan in Teisendorf bei Reichenhall, München St. Ludwig und St. Peter sowie als Pfarrer der königlichen Patronatspfarrei St. Zeno in Rei-

[20] Cramer/Frohn, Der Ritterorden vom Hl. Grabe 87. Rall, Wittelsbacher Lebensbilder 66 u. Abb. 28.

chenhall, bis er 1879 die Münchener Pfarrei Heilig-Geist mit 26 000 Katholiken übernahm. Der im folgenden Jahr geadelte Stadtpfarrer Anton von Thoma erfreute sich als Seelsorger und Prediger eines guten Rufs, der ihm als Dompfarrer und Erzbischof erhalten blieb. Anlässlich des 400-jährigen Jubiläums des Herzoglichen Georgianum promovierte ihn 1894 die Theologische Fakultät zum Dr. theol. h. c. Der Schematismus des Erzbistums von 1897 nennt an seinem Lebensabend als höchste Würden und Auszeichnungen: Comes Romanus – Römischer Graf –, Hausprälat und Thronassistent des Papstes, Reichsrat der Krone Bayerns und Träger des Großkreuzes des Ordens vom Heiligen Grabe. Die näheren Umstände der Verleihung des Großkreuzes sind nicht bekannt. Erzbischof Thoma starb am 24. November 1897 in seiner Münchener Residenz und wurde im Liebfrauendom beigesetzt. Sein Epitaph im Chorumgang des Domes zeigt ihn in Pontifikalkleidung, kniend vor einem Kruzifix.[21]

Reichsrätekammerpräsident Ludwig Graf von und zu Lerchenfeld

Zu den renommierten Mitgliedern des Ordens vom Heiligen Grab gehörte in diesen Jahren Ludwig Graf von und zu Lerchenfeld auf Köfering und Schöberg (1837-1907). Der aus Köfering gebürtige Graf bekleidete das Amt des Präsidenten der Kammer der Reichsräte und leitete als Großkanzler den königlichen St. Georgii-Ritterorden. Er war der Vater des 1921/22 amtierenden bayerischen Ministerpräsidenten Hugo Graf von und zu Lerchenfeld.[22]

---

[21] Schematismus <1897> XI; Huhn, Geschichte der Spitäler, der Kirche und der Pfarrei z. hl. Geist in München 475-484; Gatz Erwin: Thoma, Antonius von, in: Ders., Die Bischöfe 1785/1803 bis 1945, S. 759f.

[22] Cramer/Frohn, Der Ritterorden vom HL. Grabe 87 (statt Ministerpräsident muss es richtig Präsident der Kammer der Reichsräte heißen). Zu Hugo Graf von und zu Lerchenfeld s. Zorn Wolfgang/Menges Franz: Hugo Graf von und zu Lerchenfeld-Köfering, in: NDB <1985> 314f.

Kaiser Wilhelm II. erhält das Großkreuz

In dem von Papst Leo XIII. für 1900 ausgerufenen Heiligen Jahr war erstmals neben Rom auch Jerusalem das Ziel vermehrter Pilgerzüge. Die Wallfahrt von 500 deutschen Männern zur Grundsteinlegung der Kirche Mariä Heimgang auf dem Berg Sion wurde bereits im Zusammenhang mit der Ehrentafel für Herzog Max an der Geißelungskapelle erwähnt. Dem um die Jahrhundertwende in Deutschland wachsenden Interesse am Heiligen Land korrespondierten besondere Ereignisse. Zu nennen sind einmal die Gründung des *Deutschen Vereins vom Heiligen Lande* durch Zusammenschluss des *Vereins vom Hl. Grabe* und des *Deutschen Vereins vom Heiligen Lande* im Jahre 1895, sodann der Staatsbesuch Kaiser Wilhelms II. im osmanischen Reich drei Jahre später. Auf letzterem fand am Reformationsfest, dem 31. Oktober 1898, in Jerusalem unter persönlicher Anwesenheit des Kaisers die Weihe der evangelischen Erlöserkirche statt. Den deutschen Katholiken schenkte er damals das Grundstück für den Bau der erwähnten Marienkirche auf dem Berg Sion. Den Dank erhielt Wilhelm II. im Jahre 1905 abgestattet. Bei einer Audienz im Generalkommando zu Metz überreichte ihm der Breslauer Fürstbischof Georg Kardinal Kopp feierlich die Insignien des Großkreuzes des Ritterordens vom Heiligen Grab zu Jerusalem. Kardinal Kopp vollzog die Ehrung des Kaisers im Auftrag des Großmeisters des Ordens, Seiner Heiligkeit Papst Pius' X. Wie Kardinal Kopp, so gehörte auch der Metzer Ortsbischof, der aus dem Sauerland stammende Willibrord Benzler, dem Ritterorden an. Nachdem Bischof Benzler 1919 auf das Bistum Metz verzichtet hatte, lebte er in Maria-Laach und im Kloster Lichtenthal bei Baden-Baden. Sein Grab fand er in der Abteikirche zu Beuron.[23]

[23] Cramer/Frohn, Der Ritterorden vom HL. Grabe 84. Fürst, Im Land des Herrn 567. Häger Peter: Willibrord Benzler OSB – Mönch von Beuron, Abt von Maria Laach, Bischof von Metz 1853-1921 (in Vorbereitung).

Die Gründung des Bayerischen Pilgervereins vom Heiligen Land 1903

Die allgemein gewachsene Mobilität bezeugen die im gleichen Zeitraum einsetzenden sog. *Volkswallfahrten.* Von München aus hatte die erste Heilig-Land-Fahrt größeren Stils 1884 stattgefunden. Wegen des wachsenden Zuspruchs kamen in den folgenden Jahren eine Reihe ähnlich großer sog. *Karawanen* zustande, deren Organisation jedoch zunehmend schwieriger wurde. Als ihr Initiator, der gleich näher gewürdigte Monsignore Hermann Geiger, 1902 starb, schritt man zur Gründung des *Bayerischen Pilgervereins vom heiligen Lande.* Nachdem am 10. November 1903 unter dem Vorsitz von Domkapitular Sebastian Kirchberger im Katholischen Kasino in München 150 Interessenten dem Plan zugestimmt hatten, fand die offizielle Gründung des Vereins am 1. Dezember statt. Zum Präsidenten wurde Domkapitular Kirchberger gewählt. Mit einem Faltblatt rief der Vorstand bereits für 1904 zur *ersten Bayerischen Volkswallfahrt nach Jerusalem* auf. Wie die auf 500 Teilnehmer geplante erste, sollten auch die folgenden Volkswallfahrten unter der Patrona Bavariae, der Schutzherrin Bayerns stehen.[24]

2.3 Ordensritter im Münchener Klerus um 1900

Eine sprechende Quelle für das Heilig-Land-Interesse um die Jahrhundertwende stellen die München-Freisinger Personalschematismen dar. Mit persönlichen Angaben sonst eher geizend, geben sie bereitwillig Auskunft über die Mitgliedschaft im Ritterorden vom

[24] Pilger-Briefe 74/Nf 3 u. 4 <9.12.1903> 2-7 (Gründung). Faltblatt mit Aufruf zur Bayerischen Volkswallfahrt nach Jerusalem: Der Bayerische Pilgerverein vom Heiligen Lande, München, im Januar 1904. Frdl. Mitteilung des Bayerischen Pilgerbüros vom 15.06.2009.

Heiligen Grab und Ehrentitel. Münchener Priester waren Archimandriten, Ehrendomherrn oder Prälaten der griechisch-melkitischen Patriarchalkirche zu Baalbek, der armenisch-katholischen Patriarchalkirche zu Konstantinopel und der Patriarchalkirche zu Jerusalem. Die Titel stehen nach Art der Spitzen von Eisbergen als Dank für außerordentliche materielle und ideelle Hilfen. Dabei ist davon auszugehen, dass die geehrten Priester ihre *Titelkirchen* im Orient von wiederholten Pilgerfahrten her persönlich kannten. Bei den folgenden zwölf Mitgliedern des Ritterordens im Münchener Klerus sind nur die wichtigsten Lebens- und Berufsdaten aufgeführt.

Monsignore Hermann Geiger

Als Motor der bayerischen Heilig-Land-Bewegung in der zweiten Hälfte des 19. Jahrhunderts ist allen voran der Komtur des Ritterordens vom Heiligen Grab und Ehrendomherr der Patriarchalkirche zu Jerusalem, Msgr. Hermann Geiger (1827-1902), zu nennen. Der aus Schwabmünchen Gebürtige organisierte und leitete persönlich 25 bayerische *Volkspilgerfahrten* ins Heilige Land, die erste 1884. Der vom ihm gegründete Münchener *Sionsverein* diente der Unterstützung kirchlicher Einrichtungen im Heiligen Land, der religiösen Nacharbeit der Pilgerfahrten und der Werbung neuer Interessenten. Von 1885 an gab er die *Pilger-Briefe – Organ des bayerischen Pilgervereins vom Heiligen Lande* heraus. Seine Ersparnisse hinterließ er als *Geigersche Stiftung* für das Heilige Land, aus der in der Zettler'schen Hofglasmalerei in München Glasgemälde für zehn Fenster der wieder errichteten Kirche in Emmaus hergestellt wurden.

Hermann Geiger hatte 1850 in Augsburg die Priesterweihe empfangen und 1863 als Frühmessner und Religionslehrer an der Stadtpfarrkirche St. Ludwig in München eine Dauerstellung erhalten. Der Heilige Vater zeichnete ihn mit dem Ehrentitel eines Päpstlichen

Geheimkämmerers aus und verlieh ihm den Jubiläumsorden Pro Ecclesia et Pontifice. Sein älterer Bruder, Karl Geiger (1822-1902), war Geistlicher Rat, Dekan und Pfarrer von Ainring im Fürsterzbistum Salzburg, ausgezeichnet mit dem Ehrenkreuz des königlich-bayerischen Ludwigsordens. Er hatte 1875, im Kulturkampf, die zweite von seinem Bruder Hermann organisierte *bayerische Pilgerkarawane* geleitet. Karl starb am 2. Dezember 1902 – einen Tag nach dem Tod seines Münchener Bruders Hermann. Die Nachrufe sahen darin eine außerordentliche Gnade der beiden Heilig-Land-Pilger aus dem himmlischen Jerusalem.[25]

Dompropst Dr. theol. Anton von Lechner

Der um die Jahrhundertwende wohl populärste Münchener Priester, Dompropst Anton von Lechner (1844-1914), gehörte dem Ritterorden vom Heiligen Grab als Komtur mit Stern an und trug unter seinen hohen Auszeichnungen auch die eines Ehrendomherrn der Patriarchalkirche zu Jerusalem.

Anton Alois Lechner stammte aus einer kinderreichen Gutsherrenfamilie in Altenbach. Im nahen Landshut hatte er das Gymnasium besucht, anschließend in München Theologie studiert und 1868 in Freising die Priesterweihe empfangen. Nach Kaplansjahren in Trostberg, an St. Nikolaus Bad Reichenhall, Maria Hilf in der Vorstadt Au und St. Ludwig München erhielt er 1881 die Stadtpfarrei St. Nikolaus Bad Reichenhall übertragen. Als Prinzregent Luitpold 1889 Pfarrer Lechner in Nachfolge des zum Passauer Bischof ernannten Anton von Thoma zum Mitglied des Münchener Metropolitankapitels ernannte, verlieh Bad Reichenhall ihm dankbar den Ehrenbür-

[25] Schematismus <1900> 49; Pilger-Briefe Nr. 73/NF Nr. 1 <24.02.1903> 1-5 (Nachruf; S. 3 Foto), 8f. (Geigersche Stiftung) u. 10 (Karl Geiger); Nr. 75 u. 76 NF Nr. 3 u. 4 <9.12.1903> 1 (25 Pilgerfahrten); Nr. 81/NF 9 <15.01.1905> 6-8 (Glasgemälde für Emmaus); Nr. 86/NF 14 <15.04.1906> 12f. (Sionsverein).

gerbrief, eine Auszeichnung, der sich außer Lechner nur noch Reichkanzler Otto von Bismarck dort erfreute. Der Dompropst-Anton-von-Lechner-Platz hält sein Andenken in Reichenhall bis in die Gegenwart wach. Den Amtswechsel nahm Lechner wahr, um 1889/90 in Freiburg mit der Dissertation *Mittelalterliche Kirchenfeste und Kalendarien in Bayern* den Dr. theol. zu erwerben. Die Erzbischof Anton von Thoma gewidmete Arbeit erschien 1891 bei Herder in Freiburg. Als Domkapitular war Lechner im Ordinariat als Direktor – sprich Ofizial – des Metropolitangerichts, als Erzbischöflicher Pönitentiar und als Prosynodalexaminator tätig. Nach Präsentation durch den Prinzregenten rückte er 1899 als infulierter Dompropst an die Spitze des Metropolitankapitels auf. Der Heilige Vater ernannte ihn zum Päpstlichen Hausprälaten und Apostolischen Protonotar, Prinzregent Luitpold verlieh ihm 1903 den Adelsbrief. Wiederholt kam Dompropst Lechner als Bischofskandidat in die nähere Wahl, zuletzt 1902 für Augsburg. Beim Neujahrsempfang in der Münchener Nuntiatur 1906 stürzte Lechner so unglücklich, dass er an den Folgen bereits am 6. Januar starb. Seine Beisetzung erfolgte in der Gruft des Metropolitankapitels auf dem Südlichen Friedhof.[26]

[26]Schematismus <1897> XIV u. <1900> XIV. BUXBAUM Engelbert Maximilian: Beiträge zur Geschichte von St. Nikolaus Reichenhall, in: Festschrift 800 Jahre St. Nikolaus, 500 Jahre St. Johannis-Spital, 100 Jahre Evangelische Kirche in Bad Reichenhall, hrsg. v. Kath. Pfarramt St. Nikolaus Bad Reichenhall u. a. <Mittersfelden 1981> 105-227, hier 164, 168f. u. 203. VOGEL Hubert: Geschichte von Bad Reichenhall, hrsg. v. d. Stadt Bad Reichenhall <Berchtesgaden 2. Aufl. 1995> 94f. NESNER, Das Metropolitankapitel zu München 495, 545, 549, 580, 606.

Dompropst Dr. theol. Paul Kagerer

Der Regensburger Dompropst Dr. theol. Paul Kagerer (1833-1907) gehörte schon während seiner Münchener Jahre als Komtur dem Ritterorden vom Heiligen Grab an und erfreute sich des Ehrentitels eines Erzpriesters der armenisch-katholischen Patriarchalkirche zu Konstantinopel.

Paul Kagerer stammte aus Nittenau i. d. Oberpfalz. Nach dem Gymnasial- und Theologiestudium in Regensburg empfing er dort 1856 die Priesterweihe. Anschließend setzte er in München seine theologischen Studien fort und wurde 1858 zum Dr. theol. promoviert. Erzbischof Gregor von Scherr berief ihn 1859 zum Domvikar und erzbischöflichen Kaplan. Nachdem Kagerer 1862 in das Erzbistum München und Freising inkardiniert war, übertrug ihm Scherr das Dompfarramt. Zwei Jahre später übernahm Kagerer zusätzlich das Amt des Geschäftsführers des Ludwig-Missions-Vereins. Während des Ersten Vatikanischen Konzils begleitete Kagerer Erzbischof Scherr als Sekretär. Seine Wahl in das Münchener Metropolitankapitel erfolgte 1870. Erzbischof Antonius von Thoma bestellte ihn 1889 zum Dompfarrvikar an Unserer Lieben Frau. Von Prinzregent Luitpold präsentiert, erhielt Kagerer 1895 das Amt des Dompropstes in Regensburg. In der Sedisvakanz 1906 leitete er die Diözese als Kapitularvikar. Vom neuen Bischof Antonius von Henle am 7. Februar 1907 zum Generalvikar bestellt, starb er bereits am 3. Dezember. Paul Kagerer, *ein Mann der Mitte*, gilt als einer der bedeutendsten Priester des Bistums Regensburg in der zweiten Hälfte des 19. Jahrhunderts.[27]

[27] Schematismus <1900> XV. Mai Paul: Kagerer, Paul, in: Gatz, Die Bischöfe 1785/1803-1945, S. 354. Hausberger Karl: Geschichte des Bistums Regensburg II <Regensburg 1989> 213 u. 263. Landesdorfer Anton: Gregor von Scherr (1804-1877), Erzbischof von München und Freising in der Zeit des Ersten Vatikanums und des Kulturkampfes, in: Studien zur altbayerischen Kirchengeschichte 9 <München 1995> 165f. Nesner, Das Metropolitankapitel zu

Domkapitular Georg Brückl

Laut Personalschematismus des Erzbistums München und Freising war Domkapitular Georg Brückl (1856-1917) Komtur des Ritterordens vom Heiligen Grab zu Jerusalem mit Stern, Erzpriester der armenisch-katholischen Patriarchalkirche in Konstantinopel und Archidiakon des chaldäischen Patriarchats von Babylon (Bagdad).[28]

Georg Brückel stammte aus einer Kaufmannsfamilie in Freising. Nach dem Abitur hatte er in seiner Heimatstadt und als Alumne des Herzoglichen Georgianum Theologie in München studiert, um 1880 in Freising die Priesterweihe zu empfangen. Wegen schwacher Gesundheit erhielt der Neupriester zunächst das Kloster der Salesianerinnen in Zangberg als Dienststelle angewiesen. Anschließend war er als Beichtvater der Abtei und als Inspektor – sprich Direktor – der *Mädchenerziehungsanstalt* in Frauenchiemsee tätig, bis Erzbischof Antonius von Steichele ihn 1887 als Domvikar und erzbischöflichen Sekretär nach München holte. Als solcher diente Brückl auch den beiden folgenden Erzbischöfen Antonius von Thoma und Franz Joseph von Stein. Prinzregent Luitpold ernannte ihn 1895 zum Mitglied des Metropolitankapitels. Im Ordinariat erhielt er das Frauenreferat. Schon zuvor ein großer Förderer des Ludwig-Missions-Vereins, übernahm er mit Antritt seiner Domherrenstelle die Geschäftsführung des Missionsvereins. Seine körperliche Konstitution erlaubte ihm keine weiten Reisen, wie sie eigentlich das Amt erfordert hätten. Die einzige Auslandsreise, die das Mitglied des Bayerischen Pilgervereins je unternahm, war neben einer Romfahrt 1914 eine Fahrt ins Heilige Land. Domkapitular Prälat Brückl starb in München und wurde in der Gruft des Metropolitankapitels auf dem Südlichen Friedhof beigesetzt.

München 541f. u. 548.

[28] Schematismus <1899> XV (Komtur), <1917> XV (Komtur mit Stern). Nesner, Das Metropolitankapitel zu München 548, 578 u. 580.

Domkapitular Sebastian Kirchberger

Der Präsident des Bayerischen Pilgervereins vom Heiligen Lande und Direktor des Ludwig-Missionsvereins, Domkapitular Sebastian Kirchberger (1846-1919), gehörte dem Ritterorden vom Heiligen Grab als Komtur mit Stern an. Sicher schon seit längeren Jahren Mitglied des Ordens, erfolgte die Promotion zum Komtur 1904 auf der unter seiner Leitung stehenden *ersten Bayerischen Volkswallfahrt* ins Heilige Land in Jerusalem. Das Goldene Ehrenkreuz für Jerusalempilger erhielt er 1910. Kirchberger bemühte sich nicht nur rege um einen engeren Zusammenschluss der Münchener Ordensmitglieder, mit denen er wiederholt ins Heilige Land pilgerte, sondern plädierte auch für die Gründung einer deutschen *Ballei* – sprich Statthalterei – nach dem Vorbild der schon bestehenden italienischen Ballei des Ritterordens. Der Ausbruch des Ersten Weltkriegs machte die Pläne zunichte.

Sebastian Kirchberger stammte als Sohn eines Glasermeisters aus Tegernsee. Sein Gymnasial- und Theologiestudium absolvierte er in Freising, wo er 1871 die Priesterweihe empfing. Nach seelsorglicher Tätigkeit als Kaplan in Wolfratshausen und in Nymphenburg wurde er 1874 Messkaplan S.K.H. Prinz Karl von Bayern, bis ihm 1882 die Stelle des Direktors und Religionslehrers am kgl. Mädcheninstitut in Nymphenburg übertragen wurde. Prinzregent Luitpold ernannte ihn 1890 zum Mitglied des Metropolitankapitels. Kirchberger blieb auch als Domkapitular Diözesan- und Zentralpräses der Katholischen Gesellenvereine Bayerns sowie Präsident des Bayerischen Pilgervereins. Nach dem Ableben des erwähnten Domkapitulars Brückl übernahm er 1917 in dessen Nachfolge auch die Direktion des Ludwig-Missions-Vereins. Seine Begabung, Wendigkeit und Mobilität bezeugt sein Büchernachlass mit gediegener Reise- und fremdsprachlicher Literatur in der Bibliothek des Metropolitankapitels. Kirchberger beherrschte fast alle europäischen Sprachen.

Afrika, Amerika, Asien kannte er von ausgedehnten Reisen. Pilgerfahrten ins Heilige Land gehörten für Kirchberger nicht nur zu den Amtspflichten, sondern waren ihm ein höchst persönliches Anliegen. Über eine ausgedehnte Russlandreise 1895 und die *bayerische Volkswallfahrt ins Heilige Land* 1914 brachte er Veröffentlichungen heraus. Das Alter stellte den vom Heiligen Vater zum Päpstlichen Hausprälaten ernannten, mit dem Orden Pro Ecclesia et Pontifice ausgezeichneten Archimandriten der griechisch-melkitischen Kathedrale zu Baalbek und Münchener Domkapitular mit zunehmender Krankheit vor eine harte Probe. Sebastian Kirchberger starb nach längerem Siechtum und liegt in der Gruft des Metropolitankapitels im Südlichen Friedhof begraben.[29]

Domzeremoniar Msgr. Georg Römisch

Der aus Erding gebürtige und 1861 in Freising zum Priester geweihte Georg Römisch (1835-1907) nahm unter drei Erzbischöfen an Unserer Lieben Frau den Dienst des Domzeremoniars wahr. Als solcher hatte er, besoldet mit den Einkünften eines Dombenefiziaten und als Subkustos, für den liturgisch geordneten Ablauf der Pontifikal- und Kapitelsgottesdienste zu sorgen. Der mit der Ehre eines Päpstlichen Geheimkämmerers ausgezeichnete Römisch war vor 1900 bereits Ritter vom Heiligen Grab. Wenn nicht schon Erzbischof Thoma, dürfte ihn Dompropst Lechner für den Orden gewonnen haben.[30]

[29] KIRCHBERGER Sebastian: Reise durch Russland, zurückgelegt vom 11. Juli - 22. August 1895 <München 1895>; DERS./SCHMITZBERGER, Die dritte bayerische Volkswallfahrt ins Heilige Land im Jahre 1914. Pilger-Briefe Nr. 80/NF Nr. 8 <15.10.1904> 21 (Komtur); Schematismus <1910> XIV (Goldenes Ehrenkreuz für Jerusalempilger); <1917, 1919 u. 1920> XIV; REITHMAYR, Geschichte des Ordens der Ritter vom Hl. Grabe 151. NESNER, Das Metropolitankapitel zu München 546.

[30] Schematismus <1900> 36f.

Stiftsdekan Karl Klaiber

An der Stiftskirche St. Kajetan am Münchener Odeonsplatz gehörte im Jahre 1900 ihr Stiftsdekan Karl Klaiber (1848-1922) dem Ritterorden an. Er stammte aus Kirchberg in Württemberg und hatte 1874 in Rottenburg die Priesterweihe empfangen. Der Personalschematismus fand am Religionslehrer des kgl. Max-Joseph-Stifts in München erwähnenswert, dass er Inhaber der Kriegsdenkmünze für Kombattanten 1870/71 war. Klaiber wurde 1888 Kanoniker am Kollegiatstift St. Kajetan und später Stiftsdekan.[31]

Stadtpfarrer Prälat Georg Adalbert Huhn

Der Stadtpfarrer von München Heilig Geist, Prälat Georg Huhn (1839-1903), Ritter vom Heiligen Grab zu Jerusalem, dürfte auf seiner ersten Pilgerfahrt ins Heilige Land 1881 in den Orden aufgenommen worden sein. Eine von Monsignore Geiger, Domkapitular Kirchberger und ihm geplante große bayerische Pilgerfahrt 1896 kam wegen Choleragefahr in Palästina nicht zustande.

Georg Adalbert Huhn stammte aus Orb in der Diözese Würzburg. Nach dem Abitur in Aschaffenburg hatte er in Würzburg Theologie studiert und 1862 die Priesterweihe empfangen. Er war zunächst Kaplan in Elsenfeld, von 1864 an dann Stadtkaplan in Aschaffenburg. Im Jahre 1871 trat er die Stelle eines Predigers an der Münchener Maria-Hilf-Kirche in der Au an und wurde in das Erzbistum München und Freising inkardiniert. Der 1883 vom Stadtmagistrat als Nachfolger des in das Metropolitankapitel berufenen Antonius von Thoma für das Pfarramt München Heilig-Geist mit 24 000 Seelen präsentierte und kirchlich investierte Stadtpfarrer Huhn bewältigte ein immenses Arbeitspensum. Bis 1886 ließ er die schon von seinem Vorgänger in die Wege geleitete Erweiterung der Heilig-

[31] Schematismus <1900> XXVII.

Geist-Kirche mit der neubarocken Fassade durchführen und 1893 im Glockenbachviertel eine Notkirche für den von Heilig-Geist abgetrennten Seelsorgebezirk St. Maximilian errichten. Die Grundsteinlegung des imposanten Gotteshauses St. Max an der Isar im Stil einer Basilika nahmen nach Huhns Begrüßung Erzbischof Antonius von Thoma und Prinzregent Luitpold vor. Neben der Pfarrseelsorge wirkte er auf Bistumsebene als Diözesanpräses des Cäcilienvereins, d. h. der Kirchenchöre, und als Prosynodalexaminator in der Weiterbildung des Klerus. Der Erzbischof dankte es ihm durch die Ernennung zum Geistlichen Rat, der Papst durch die zum Hausprälaten. Aus Huhns Feder erschien 1891 eine *Geschichte des Spitales, der Kirche und der Pfarrei z. hl. Geist in München.* Prälat Huhn starb in Alt-Aussee i. d. Steiermark; im Chorumgang von Heilig Geist hält eine Gedenktafel seinen Namen wach.[32]

Kaplan Augustin von Hellrigl

Kaplan Augustin von Hellrigl (1866-1947) an der Münchener Stadtpfarrkirche Maria-Hilf in der Au wurde 1899 Ritter vom Heiligen Grab zu Jerusalem. Er stammte aus Wilten in der Diözese Brixen und hatte 1892 die Priesterweihe empfangen. Zunächst erster Kaplan an Maria-Hilf in der Au, wechselte er später als Benefiziat an die Alte Kirche in München-Haidhausen.[33]

[32] Schematismus <1900> 47; Pilger-Briefe Nr. 75 u. 76 Nf Nr. 3 u. 4 <9.12.1903> 10f.; HUHN, Geschichte des Spitales, der Kirche und der Pfarrei z. hl. Geist in München 487-497. Festschrift zum 75-jährigen Kirchweihjubiläum St. Maximilian München am 6. Oktober 1976, hrsg. v. Kath. Pfarramt St. Maximilian <München 1976>.

[33] Schematismus <1900> 52.

Abb. 17: Die Heilig-Geist-Kirche in München.

Abb. 18: Die Heilig-Geist-Kirche bis 1944/45.

Dekan Msgr. Joseph Lechner

Der Wasserburger Stadtpfarrer und Dekan Joseph Lechner (1835-1915) wurde 1899 Komtur des Ritterordens vom Heiligen Grab zu Jerusalem. Er stammte aus Altenbach b. Landshut und war der ältere Bruder des oben erwähnten Münchener Dompropstes Anton von Lechner. Seit 1858 Priester, erhielt er nach Kaplansjahren an verschiedenen Orten 1878 die Pfarrei Wasserburg a. Inn übertragen. Der König würdigte die Verdienste des Stadtpfarrers, Dekans und Distriktsschulinspektors durch die Verleihung des Titels kgl. Geistlicher Rat, der Papst ernannte ihn zum Päpstlichen Geheimkämmerer mit dem Titel Monsignore.[34]

Pfarrer Dr. phil. Joseph Danzl

Mit dem Schonstetter Pfarrer Joseph Danzl (1828-1910) gehörte um 1900 im Dekanat Wasserburg a. Inn ein weiterer Geistlicher dem Orden vom Heiligen Grab als Ritter an. Danzl stammte aus Untermoosen b. Riedering und hatte 1854 die Priesterweihe empfangen. Sein Weiterstudium schloss er mit der Promotion zum Dr. phil. ab. Die Pfarrstelle in Schonstett trat er 1890 an. Wie seine Ehrentitel andeuten, hatte sich Danzl über Jerusalem hinaus besondere Verdienste erworben. Er war Ehrenkämmerer und Ehrenkaplan der Basilika vom Heiligen Haus von Loreto sowie Erzpriester und Prälat der Patriarchalkirche zu Konstantinopel.[35]

Pfarrer Wilhelm Reithmayr

Der Hörberinger Pfarrer Wilhelm Reithmayr (1868-1935) wurde zwischen 1901 und 1906 in den Ritterorden vom Heiligen Grab zu Jerusalem aufgenommen. Er stammte aus München und hatte

[34] Schematismus <1900> 98.
[35] Schematismus <1900> 97.

1892 in Freising die Priesterweihe empfangen. Nach Kaplanstätigkeit in St. Veit erhielt er 1897 die Stelle eines Benefiziaten an der Münchener Peterskirche, ging 1901 als Pfarrer nach Gaisach und übernahm fünf Jahre später die Pfarrei Hörbering. Seinen Ruhestand verbrachte er ab 1921 in Ecksberg b. Mühldorf. Aus seiner Feder stammt eine kurze Geschichte des Ritterordens vom Heiligen Grab.[36]

Oberstudienrat Joseph Schmitzberger

Der Stadtpfarrprediger an St. Johann Baptist in München-Haidhausen und Sekretär des Bayerischen Pilgervereins vom Heiligen Land, Joseph Schmitzberger (1874-1934), erhielt das Ritterkreuz und das goldene Ehrenkreuz für Jerusalempilger auf der Münchener Heilig-Land-Fahrt im Jahre 1904. Seine Promotion zum Komtur erfolgte auf der Heilig-Land-Fahrt 1914.

Joseph Schmitzberger stammte aus Utting im Bistum Augsburg und empfing 1897 in Freising die Priesterweihe. Zunächst Hilfspriester in Miesbach, wurde er 1898 Kaplan an St. Margareth in Sendling und wechselte 1900 als ebensolcher nach St. Johann Baptist in Haidhausen, wo er 1902 das Amt des Stadtpfarrpredigers übertragen erhielt. Zu seinen Mitbrüdern gehörte hier das erwähnte Ordensmitglied Augustin von Hellrigl. Bei der konstituierenden Sitzung des Bayerischen Pilgervereins vom Heiligen Land im Jahre 1903 erhielt er das Amt des Sekretärs übertragen. Seit 1906 Professor und Religionslehrer am Münchener Luitpold-Gymnasium, wechselte er 1916 als Oberstudienrat an das dortige Wilhelms-Gymnasium. Über die von ihm begleitete bayerische Volkswallfahrt ins Heilige Land 1914 veröffentlichte er zusammen mit Domkapitular Kirchberger einen

[36] Schematismus <1928> 28 u. 168.

Bericht.[37]

Ein rühriges Mitglied des Münchener Kreises der Ritter vom Heiligen Grab war der Geltendorfer Pfarrer und Ordensritter Pankraz Martin (1833-1903). Er stammte aus Lechhausen und hatte 1856 in Augsburg die Priesterweihe empfangen. Pfarrer Martin nahm 1880 mit 32 Pilgern an der dritten Münchener Karawane ins Heilige Land teil und warb nach der Rückkehr in Wort und Schrift für die heiligen Stätten in Palästina.[38]

2.4 Laien im Ritterorden vor dem Zweiten Weltkrieg

Da keine systematisch geführten, gedruckten Mitgliederverzeichnisse aus älterer Zeit vorliegen, ist ein Urteil über das Zahlenverhältnis von Geistlichen und Laien im Orden nicht möglich. In München, wie in Bayern allgemein, scheint der Klerus dominiert zu haben.

Frau Maria Eisele – Matrone des Heiligen Grabes

Als frühes Beispiel einer Ordensdame aus dem Münchener Erzbistum verdient Frau Maria Eisele (1826-1904) in Erinnerung gerufen zu werden. Die *kgl Advokatswitwe* aus Freising pilgerte fünfmal mit der bayerischen Karawane nach Jerusalem, und das in vorgerücktem Alter. Zum ersten Mal unterzog sie sich den Strapazen 1893,

[37] Kirchberger/Schmitzberger, Die dritte bayerische Volkswallfahrt ins Heilige Land im Jahre 1914. Pilger-Briefe Nr. 80/NF 8 <15.10.1904> 21; mit ihm war der Privatier N. N. Göggel, ohne Wohnortsangabe, Ritter geworden (ebd.); Nr. 88/NF 16 <15.10.1906> 21 (Professor). Schematismus <1905> 54 (Ritter, goldenes Ehrenkreuz); <1917> 69 (Komtur); <1919/20> 69 (Inhaber des König-Ludwig-Kreuzes); <1930> 56 u. 196 (Stellenübersicht). Meminisse fratrum 85.

[38] Pilger-Briefe Nr. 75 u. 76/NF 3 u. 4 <9.12.1903> 11.

das letzte Mal vom 25. Juli bis zum 15. August in ihrem Todesjahr 1914. Bei ihrer dritten Pilgerfahrt 1899 war sie vom Lateinischen Patriarchen Ludovico Piavi in Jerusalem mit dem Ehrentitel *Matrona Sancti Sepulcri – Matrone des Heiligen Grabes* ausgezeichnet worden. Papst Leo XIII. hatte als Großmeister des Ordens 1888 den Erlass seines Vorgängers Pius' IX. bestätigt, *dass noble Frauen, die sich auszeichnen durch Frömmigkeit, Wohltun und Eifer für die katholische Sache*, der Mitgliedschaft im Ritterorden würdig seien. Dank einer großherzigen Spende für den 1903 gegründeten Bayerischen Pilgerverein zum Heiligen Lande war sie von diesem zum Ehrenmitglied desselben ernannt worden. Die Matrone des Heiligen Grabes, Maria Eisele, starb wenige Tage nach ihrer letzten Jerusalemfahrt, am 25. August 1904, in München und wurde in Freising zu Grabe getragen.[39]

Hofrat Prof. Arthur Achleitner

Hofrat Achleitner (1858-1927) gehört zu den wenigen bekannten Münchener Ordensmitgliedern dieser Zeit aus dem Laienstand. Er wurde in Straubing als Sohn des Stadtpfarrchoralisten Innozenz Achleitner geboren. Auf Wunsch des Vaters besuchte er das Gymnasium in Straubing und die Hochschule in Salzburg mit dem Ziel der Lehramtsbefähigung, brach aber nach dem Tode des Vaters das Studium ab und reiste durch Europa. Seine Erlebnisse und Eindrücke veröffentliche er in zahlreichen Zeitungen. Die *Süddeutsche Presse* in München bot ihm 1878 den Posten als Redakteur an, den er bis zur Einstellung des Blattes bekleidete. Achleitner arbeitete fortan als freier Schriftsteller. Herzog Friedrich II. von Anhalt (1831-1904) verlieh ihm 1897 den Titel Professor und 1900 den eines Hofrats; 1903 ernannte er ihn zum Geheimen Hofrat. Arthur

[39] Pilger-Briefe Nr. 80/NF 8 <15.10.1904> 12-15.

Achleitner starb am 29. September 1927 in München.[40]

Als 1928 zur Vorbereitung der fünf Jahre später in Köln zustande gekommenen Gründung einer *Deutschen Ordensprovinz* – sprich Statthalterei – reichsweit um namentliche Meldung der Mitgliedschaft gebeten wurde, antworteten aus München zwei Ritter: Max Freiherr Priel von Prielmayr (†1933) aus der Königstraße Nr. 33 und Jakob Wochinger vom Bavariaring.[41]

2.5 Neubeginn nach 1945

Mit der Ernennung von Franz Josef Fürst und Altgraf zu Salm-Reifferscheidt-Dyck zum Statthalter und des Paderborner Erzbischofs Lorenz Jaeger zum Großprior durch Kardinalgroßmeister Nikolaus Canali am 12. September des Heiligen Jahres 1950 war die Deutsche Statthalterei offiziell ins Leben getreten. Bereits während des 74. Deutschen Katholikentages, der vom 1. bis 3. September in Passau stattfand, hatte sich Erzbischof Jaeger mit fünf Persönlichkeiten des deutschen Katholizismus in der Angelegenheit des Ritterordens getroffen. Es waren dies der Düsseldorfer Landtagspräsident und Oberbürgermeister Josef Gockeln, der Freiburger Verleger Dr. Theophil Herder-Dorneich, Rechtsanwalt Dr. Anton Rosen aus Düsseldorf sowie die Prälaten Dr. Wilhelm Böhler aus Köln und Georg Meixner aus Bamberg. Der Inhalt der Erörterungen ist in einem Protokoll festgehalten, das die Teilnehmer Erzbischof Jaeger zuschickten. Die formulierten Grundsätze des Passauer Programms von 1950 spielten beim Aufbau der Deutschen Statthalterei eine nicht untergeordnete Rolle.

[40] Cramer/Frohn, Der Ritterorden vom HL. Grabe 87.

[41] Das heilige Land 72 <1928> Register. Peil Rudolf: Die deutsche Statthalterei während des Dritten Reiches, in: Deus lo vult NF 9 <Juni 1972> 13f.

Seiner Exzellenz
dem Hochwürdigsten Herrn
Erzbischof Dr. Lorenz Jaeger
Passau

Euer Exzellenz

Gestatten wir uns, auf die Unterredung Bezug zu nehmen, die wir mit Ihnen wegen des Ordens vom Heiligen Grab hatten.
Wir empfinden es als eine große Ehre, dass wir ausersehen sind, nach der Reform dieses Ordens dessen ruhmreiche Tradition in hohen Ämtern fortzusetzen.
Aber wir möchten nicht versäumen, auf Voraussetzungen hinzuweisen, die nach unserer Ansicht für eine Wirksamkeit des Ordens im Sinne der Reform unerlässlich sind – jedenfalls unter den deutschen Verhältnissen, auf die allein sich unser Urteil bezieht.

1. *Die Mitgliedschaft des Ordens vom Heiligen Grab galt vor der Reform als eine Auszeichnung, die, wenn auch nicht ohne persönliche Würdigkeit, doch gegen einen bestimmten Betrag gekauft werden konnte. Wenn der Orden vom Heiligen Grab das Ansehen in der Öffentlichkeit erlangen soll, dessen er bedarf, so muss jede Verbindung zwischen dem Erwerb der Mitgliedschaft und der Zahlung eines festen Geldbetrages ausgeschlossen sein. Die Aufnahme darf nicht bloß in Ausnahmefällen unentgeltlich sein, sondern sie muss in der Regel ohne Entgelt vollzogen werden. Das hindert nicht, dass diejenigen, die dazu in der Lage sind, unabhängig von ihrer Aufnahme für die Zwecke des Ordens auch einen Betrag aus eigenen Mitteln zahlen oder freiwillige Spenden Dritter herbeizuführen.*

2. *Aber der Erwerb der Mitgliedschaft muss nicht nur von einer Zahlung unabhängig sein, vielmehr dürfen auch nur solche Personen aufgenommen werden, die in jeder Hinsicht die*

Gewähr für die Erfüllung des Sinnes der Reform gewährleisten. Deshalb sollte niemand aufgenommen werden, ohne dass die oberste Leitung und auch die Leitung der betreffenden Ordensprovinz ausdrücklich zugestimmt haben.

3. *Bedenken bestehen gegen das öffentliche Tragen der Ordenstracht angesichts der deutschen Ruinenstädte und der sich ständig verschärfenden sozialen Spannungen, die noch durch die Beziehungen zwischen der Bundesrepublik und dem Staat der Sowjetzone belastet sind. Es sollte deshalb für Deutschland gestattet werden, dass an die Stelle der Ordenstracht ein Abzeichen tritt und dass allenfalls bei einer feierlichen Ordensversammlung im Rahmen eines Gottesdienstes in einer Kirche die Ordenstracht angelegt wird. Soweit sich deutsche Mitglieder an Veranstaltungen des Ordens außerhalb Deutschlands beteiligen, wo das Tragen der Ordenstracht üblich ist, ist selbstverständlich, dass die deutschen Mitglieder dasselbe tun, z. B. in Rom.*

4. *Aber auch, wenn die vorstehend zu 1 und 3 bezeichneten äußeren Voraussetzungen vorhanden sind, ist nur dann ein Wirken des Ordens im Sinne der Reform zu erwarten, falls ihm ein für die deutschen Verhältnisse passender Inhalt gegeben wird.*

Wir sind durchaus davon überzeugt, dass der alte Gedanke des ehrwürdigen Ordens vom Heiligen Grab auch in Deutschland inhaltlich belebt werden kann. Die Mitglieder des Ordens vom Heiligen Grab müssten sich als Werkleute Gottes fühlen, frei in ihren Lebensraum gestellt und doch geistliche und geistige Kraft aus dem Orden und aus der Mystik des Heiligen Grabes schöpfend, frei und unauffällig miteinander arbeiten und die katholische Aktion auch durch gemeinsame Anregungen fördernd. Die Wege, auf denen dies geschehen kann, sind mannigfaltig. Wir wären Euer Exzellenz zu besonderem Dank verpflichtet, wenn Sie mit Seiner Eminenz dem Hochwürdigsten Herrn Kardinal von Köln und mit den in Betracht kommenden Stellen in Rom erwirken würden, dass unsere Bitten akzeptiert werden. Indem wir Euer Exzellenz dafür danken, dass Sie uns trotz Ihrer Inanspruchnahme durch den Katholikentag die Unterredung gewährt haben, sind wir

ehrerbietigen Grußes

z. Zt. Passau, den 4. September 1950

Jos. Gockeln, Herder-Dorneich, Anton Roeser, W. Böhler (gleichzeitig für Prälat Meixner).[42]

Erzbischof Jaeger bestätigte nicht nur den Gesprächsverlauf, sondern stellte sich inhaltlich voll hinter die in Passau formulierten Grundsätze. Der Aufbau des Ritterordens in Bayern gewann in den folgenden Jahren kaum Konturen. Immerhin konnte aber 1957 die Bayerische Ordensprovinz in der Münchener Theatinerkirche errichtet werden, wie im nächsten Kapitel ausführlich dargestellt ist. Allerdings ließ auch jetzt der Aufschwung auf sich warten. Statthalter Prof. Dr. Friedrich August Freiherr von der Heydte schilderte Großprior Erzbischof Jaeger vertraulich den Grund der Lähmung. Er habe, so schrieb er, am 12. Januar 1959 ein ausführliches Gespräch mit Kardinal Wendel in München geführt, der ihm *die ganze Schwierigkeit der Situation in der Bayerischen Provinz* vor Augen stellte. So habe der Kardinal am 15. Dezember 1958 an der Zusammenkunft *der Münchener Ordensritter teilgenommen und ihnen Ratschläge gegeben*, sei aber beim Provinzrat auf Granit gestoßen. Namentlich der Prior, Prälat Meixner, und der Sekretär, Dr. Haindl, widersetzten sich jeder personellen Umbesetzung und Intensivierung

[42] Quelle: EBAP Nachlass Kardinal Jaeger 9a/1 (Abschrift); Druck: COHAUSZ, Die Geschichte der Deutschen Statthalterei 173-175.

des Ordenslebens. Großprior Jaeger, der vermutlich aus vertraulichen Gesprächen mit Wendel von den Schwierigkeiten wusste, war bereits in Rom entsprechend vorstellig geworden. Er hatte am 8. Januar 1959 bei der römischen Ordensleitung – offenbar erneut – in Erinnerung gebracht, dass *der bisherige Präsident der bayerischen Provinz, Herzog Albrecht von Bayern, bei seiner Ernennung zum Ehrenpräsidenten der bayerischen Provinz gleichzeitig das Großkreuz unseres Ordens* erhalte. Damit stand der Übergabe des Präsidentenamtes an Götz Reichsfreiherr von Pölnitz nichts mehr im Wege, die am 5. März 1959 erfolgte. Es sei nur angedeutet, dass sich im Jahrzehnt nach der Gründung der bayerischen Mutterkomturei München die Probleme im Ritterorden allgemein zuspitzten. Nach der Vorstellung des sehr eigenwilligen Generalgouverneurs im römischen Großmeisteramt, Nicolò Rizzi, sollte die Deutsche Statthalterei in vier Regentschaften aufgeteilt und mit Minister Dr. Alois Hundhammer als Statthalter, eine Bayerische Statthalterei errichtet werden. Rizzi unterbreitete den Plan am 26. März 1968 Kardinal Döpfner in einer ihm gewährten Privataudienz in München, stieß jedoch auf barsche Ablehnung. Der Münchener Kardinal dachte als ehemaliger Bischof von Berlin gesamtdeutsch. Döpfner lehnte die Aufteilung der Deutschen Statthalterei mit der Begründung ab, dass sie die Spaltung Deutschlands vertiefe und die in der DDR verstreut lebenden Ordensmitglieder heimatlos würden.[43]

[43] EBAP Nachlass Kardinal Jaeger: Jaeger an Pater Spelucci in Rom am 8.01.1959 u. Heydte an Jaeger am 14.01.1959. Deus lo vult NF 18 <Januar 1977> 7 (Bayerische Statthalterei 1967).

3 Spiritualität und Dienste

3.1 Ordensleben

Der Ritterorden vom Heiligen Grab zu Jerusalem ist eine juristische Person des kanonischen Rechtes und des Vatikanstaates. Satzungsgemäß verfolgt der päpstliche Ritterorden als Ziele:

> *1. Förderung der christlichen Lebensführung bei seinen Mitgliedern in absoluter Treue zum Papst und gemäß den Lehren der Kirche unter Beachtung der Prinzipien der Nächstenliebe. Im Dienste dieser Prinzipien ist der Orden ein wesentliches Mittel und ein Faktor für die Hilfe zugunsten des Heiligen Landes;*
> *2. Unterstützung und Förderung der religiösen, wohltätigen, kulturellen und sozialen Aktivitäten und Einrichtungen der katholischen Kirche im Heiligen Land, insbesondere der des Lateinischen Patriarchats von Jerusalem, mit dem der Orden traditionelle Bande unterhält;*
> *3. die Erhaltung und Verbreitung des Glaubens im Heiligen Lande durch Teilnahme aller auf der Welt zerstreuten Katholiken, insbesondere derjenigen, welche in der Nächstenliebe durch das Symbol des Ordens vereint sind;*
> *4. die Verteidigung der Rechte der katholischen Kirche im Heiligen Land.*[1]

[1] Satzung Art. 2, 1-4.

Komtureikirche

Als geistliches Zentrum hatte Kardinal Wendel 1960 der Münchener Komturei die Dreifaltigkeitskirche in der Pacellistraße zugewiesen. Er kam damit einem schon länger gehegten Wunsch der Ordensmitglieder nach. Bereits beim Münchener Ordenstreffen im Mai 1959 hatte Präsident von Pölnitz konkrete Pläne für die künftigen Ordenskirchen. So sollten in der Münchener Dreifaltigkeitskirche eine *Totentafel* für die verstorbenen bayerischen Ordensmitglieder und an allen künftigen Komtureikirchen der übrigen bayerischen Diözesen jeweils das Ordenswappen angebracht werden. Als Ordenskirche der Bayerischen Provinz wurde die Theatinerkirche St. Cajetan an der Münchener Residenz bestimmt. Bei besonderen Anlässen luden die beiden Ehrengroßprioren Kardinal Wendel und Kardinal Döpfner zur Messfeier in die Erzbischöfliche Kapelle ein. Wiederholt traf sich die Komturei in der Katholischen Akademie, die ihr Prior Dr. Karl Forster leitete. Ein festes Tagungslokal kannte die Komturei im ersten Jahrzehnt ihres Bestehens nicht. Man traf sich im Anschluss an die Eucharistiefeier in den Wohnungen der Ordensmitglieder reihum.[2]

Seit 1970 fanden die monatlichen Zusammenkünfte im Hotel Deutscher Kaiser am Münchener Hauptbahnhof statt. Das zentral gelegene Hotel besaß eine Kapelle und Tagungsräume, vor allem aber bisher vermisste Parkmöglichkeiten. Der Hotelbesitzer, Dr. Benno Poehlmann mit Gattin Erika, die beide dem Ritterorden angehörten, waren großzügige Gastgeber. Im Deutschen Kaiser konnte die Komturei hohe Gäste begrüßen. Am 20. Januar 1971 kam gewissermaßen zur Einweihung Julius Kardinal Döpfner. Am 14. Februar

[2]EAM Nachlass Kardinal Wendel 19Gr/1959: Protokoll vom 21.05.1959 (Totentafel). EBAP Nachlass Kardinal Jaeger 9a/5: Protokoll vom 8.09.1959 (Ordenskirchen mit Wappen). Zur Dreifaltigkeitskirche s. RAMISCH Hans/STEINER Peter B.: Katholische Kirchen in München <München 1984> 76f.

1979 feierte in der Kapelle Joseph Kardinal Ratzinger die Eucharistie mit Predigt. Als Gast aus Jerusalem wusste an diesem Abend Pater Johannes Düsing Neues zu berichten. Friedrich Kardinal Wetter kam erstmals am 19. Juni 1985. Am 18. Juni 1986 war der Präsident der Israelitischen Kultusgemeinde Dr. Simon Snopkowski Gastredner zum Thema *Die jüdischen Gemeinden in der Bundesrepublik seit 1945.* Am 21. Januar 1987 sprach der spätere Kardinal, Universitätsprofessor Dr. Leo Scheffczyk, über *Probleme der Öffnung der Kirche zur Welt.* Der Präsident des Zentralkomitees der Deutschen Katholiken Prof. Dr. Hans Maier referierte am 20. März 1987 zum Thema *Bilanz der Bildungsreform.* Frau Prof. Dr. Hanna-Barbara Gerl-Falkowitz hatte ihr Referat am Aschermittwoch, dem 17. Februar 1988, unter das Thema gestellt: *Gott – Vater und Mutter?* Statthalter Prof. Dr. Johannes Binkowski überreichte am 21. Dezember 1988 Cfr. Ministerpräsident Dr. Max Streibl die Insignien des Komturs mit Stern. Die Komturei hatte zweimal die Freude, im Kolpinghaus den Lateinischen Patriarchen von Jerusalem, S.B. Michel Sabbah, begrüßen zu können: am 2. Oktober 1988 und am 11. März 1991. Bei letzterem Besuch berichtete der Patriarch mit bewegten Worten über die *Lage der Kirche im Heiligen Land unter der Last des Golfkrieges.*[3]

Als nach dem Tod von Dr. Poehlmann (1985) der Deutsche Kaiser in andere Hände kam, traf sich die Komturei seit November 1992 monatlich im unweit des Hauptbahnhofs gelegenen Kolpinghaus. Kardinal Wetter feierte hier mit ihr die Eucharistie am 19. November 1997 und ihr 40-jähriges Jubiläum am 18. Oktober 2000. In seiner Festpredigt stellte er den Ratsherrn Josef von Arimathäa aus Jerusalem als *ersten Grabesritter* heraus. Dieser habe mit *wahrhaft ritterlichen Tugenden* der Hinrichtung Jesu nicht zuge-

[3] Gästebuch I, II (Besuch von Kardinal Ratzinger) u. III (Besuch von Patriarch Sabbah).

stimmt, mutig bei Pilatus vorgesprochen, den Leichnam des Herrn vom Kreuz abgenommen und im eigenen Grab beigesetzt (vgl. Mk 15, 43-46 u. ö.). Ein besonderes Ereignis stellte am 20. Januar 1999 die Verleihung des Verdienstkreuzes al merito mit silbernem Stern an Herrn Henning von Siemens dar. Seit 2003 genießt die Komturei Gastrecht in der Stadtpfarrkirche Heilig-Geist am Viktualienmarkt. Dort feiert sie ihre monatliche Komtureimesse. Zum anschließenden Vortrag und Abendessen lädt ein Raum im Ratskeller am Marienplatz ein. Mit dem Umzug in die Stadtmitte sollte herausgestellt werden, dass der Ritterorden vom Heiligen Grab für seine Ziele das Interesse der Münchener Öffentlichkeit sucht.[4]

Jahresprogramm

Den roten Faden des Ordenslebens vor Ort bildet das Jahresprogramm. Es wird vom Rat der Komturei, dem der Ltd. Komtur, der Prior, ein Ritter und eine Ordensdame angehören, anhand eines Leitthemas erarbeitet. Beispielhaft sei das Jahresprogramm 2008 vorgestellt, das unter der von der Statthalterei ausgegebenen Losung *Wir wollen lieben in Tat und Wahrheit* (1 Joh 3,18) stand. Weil die Pilgerfahrt von 33 Ordensmitgliedern ins Heilige Land den Höhepunkt des Jahres bildete, dienten die monatlichen Treffen – jeweils mit Eucharistiefeier und Vortrag – thematisch der theologischen Vorbereitung und geistlichen Einstimmung. Die Vortragsreihe eröffnete im Januar der Münchener Alttestamentler und Vorsitzende der Gesellschaft Freunde Abrahams e.V. zur interreligiösen Verständigung, Universitätsprofessor DDr. Manfred Görg, mit einem Referat zum Thema *Israel und sein Tempel*. Im Februar gab Pater Dr. Raynald Wagner OFM, der als Chefredakteur die Franziskani-

[4] Gästebuch III (Besuch von Kardinal Wetter). Ertl Florian: Ritter im Kolpinghaus. Komturei Patrona Bavariae feierte 40-jähriges Bestehen, in: MKKZ <29.10.2000> 13.

sche Zeitschrift *Im Lande des Herrn* redigiert, einen differenzierten Überblick der verschiedenen christlichen Konfessionen in Israel und Palästina. Im März sprach der Präsident des Bayerischen Pilgerbüros und Diözesanpilgerleiter, Weihbischof Engelbert Siebler, über seine Erfahrungen im Heiligen Land. Im September stellte Frau Oberstudienrätin Irmgard Heß Bilder des Malers Emil Wachter vom Himmlischen Jerusalem vor. Cfr. Prof. Dr. Petar Vrankic sprach im Oktober als letzter Referent vor der an Allerheiligen beginnenden Heilig-Land-Reise über neueste Forschungsergebnisse, die den Templerorden in völlig anderem Licht zeigen. Ein angefragter Termin mit der Präsidentin des Zentralrates der Juden in Deutschland, Frau Charlotte Knobloch, kam nicht zustande.

Eine ansehnliche Reihe von Veranstaltungen diente der Gemeinschaftspflege mit Gleichgesinnten über den Kreis der Komturei hinaus. Zu der traditionell am 1. Februar gefeierten Friedensvesper wurden die Mitglieder anderer Ritterorden, namentlich die Johanniter, Malteser, Georgiiritter und Familiaren des Deutschen Ordens eingeladen. Drei Termine führte die Münchener mit der Augsburger Komturei zusammen: je eine Wallfahrt nach Maria Vesperbild und nach Walleshausen sowie ein Besuch der Erzabtei St. Ottilien. Die traditionelle Freundschaft mit der Komturei Salzburg fand ihren Ausdruck durch eine gemeinsame Wallfahrt nach Maria Plain. Von der Bayerischen Ordensprovinz und der Deutschen Statthalterei waren je zwei Termine vorgegeben: der Provinzeinkehrtag in Würzburg und der Provinztag in Altötting sowie die Investituren in Köln und Erfurt. In der Domstadt am Rhein erhielten als Kandidaten der Münchener Komturei Patrona Bavariae Herr Dr. Gerhard Griensteidl sowie die Eheleute Maria und Christian Menges den Mantel mit dem fünffachen roten Kreuz angelegt. Die beiden Monatstermine am Jahresende tragen traditionell ordensfamiliären Charakter. Im November gedenkt die Komturei in der Eucharistiefeier mit Verlesen der Namen und Entzünden von Lichtern aller ihrer Verstorbenen. Im Dezember stimmt das Rorateamt und eine Adventsfeier auf das Fest der Geburt Christi ein. Der Erlös des von den Ordensdamen angefertigten Weihnachtsschmucks kommt dem Waisenhaus in Bethlehem zugute.

Ordensgebet

Der Ritterorden pflegt eine besondere Verehrung der Gottesmutter Maria als Tochter Israels und Königin Palästinas. Sie ist Patronin der Münchener Komturei unter dem Titel Patrona Bavariae. Zum Eigenritus der Komtureimessen in der Stadtpfarrkirche Heilig-Geist gehört nach dem Schlusssegen die Prozession des Zelebranten mit der Altarassistenz zum Gnadenbild der Hammertaler Gottesmutter im Seitenschiff. Mit dem vor ihr gesungenen Salve Regina endet die Messe. Das Ordensgebet lautet:[5]

Herr Jesus Christus,
Sohn des lebendigen Gottes,
wir sind berufen, Zeugen des Evangeliums
und Deiner Liebe zu sein.

Deinen Tod, o Herr, verkünden wir,
und Deine Auferstehung preisen wir,
bis Du kommst in Herrlichkeit.
Aus diesem Bekenntnis schöpfen wir die Kraft,
Hoffnung und Zuversicht zu schenken und
Zeugen des ewigen Lebens zu sein.

[5] Vgl. Miles Christi 130f. Der Text des Ordensgebetes ist hier in der revidierten Fassung wiedergegeben, wie er auf der Priorentagung vom 16. bis 18. Juni 2009 in München in Anwesenheit von Großprior Erzbischof Dr. Reinhard Marx verabschiedet wurde.

Wir bitten Dich: Sende uns den Heiligen Geist.
Ermutige uns zu glaubwürdigem Zeugnis
in Tat und Wahrheit; öffne unsere Augen, Ohren und Herzen
für die Wunden und Nöte der Menschen unserer Tage,
besonders der Christen im Heiligen Land.

Hilf uns, dieser Berufung und Sendung treu zu bleiben.
Bewahre und vermehre unsere Bereitschaft zum Dienen
in Gemeinschaft mit den Schwestern und Brüdern
des Ritterordens vom Heiligen Grab.

Auf die Fürsprache Deiner Mutter Maria,
der Tochter Israels, der Königin von Palästina,
führe uns ins himmlische Jerusalem,
wo wir Dich schauen dürfen von Angesicht zu Angesicht.

Sei gepriesen mit dem Vater und dem Heiligen Geist,
heute und allezeit, bis in Ewigkeit. Amen

Ordensmantel

Die Ritter erhalten bei der Investitur vom Statthalter einen weißen, die Ordensdamen einen schwarzen Mantel angelegt. Das auf der linken Seite angebrachte fünffache rote Jerusalemkreuz kennzeichnet ihn als Mantel des Ritterordens vom Heiligen Grab. Die Mitglieder der Münchener Komturei tragen den Ordensmantel in der jährlichen Stadtprozession am Fronleichnamsfest, in den Domgottesdiensten am Kirchweihfest des Domes Unserer Lieben Frau und am Papstsonntag sowie bei der Heilig-Grab-Wache am Karfreitag und Karsamstag in der Komtureikirche. Weil die Frage der Komtureikirche bis heute nicht eindeutig geklärt ist, kamen die Münchener Ordensmitglieder in den letzten fünfzig Jahren dem liturgischen Brauch der Grabwache in verschiedenen Gotteshäusern nach. Bei einer Zusammenkunft im März 1959 beschloss man, ab 1960 jährlich die Grabwache am Karfreitag in der Dreifaltigkeitskirche zu übernehmen, so wie diesen Brauch *die Damen der Adeligen Kongregation der Dienerinnen Mariae* in der Theatinerkirche pflegen.[6] In den Jahren, als die Komtureitreffen im Hotel Deutscher Kaiser und im Kolpinghaus am Hauptbahnhof stattfanden, hielten die Ordensmitglieder die Grabwache in der Asamkirche St. Johannes Nepomuk und in der Stadtpfarrkirche St. Peter. Seit die Komturei an der Stadtpfarrkirche Heilig-Geist am Viktualienmarkt beheimatet ist, kommt sie hier der Verpflichtung zur Grabwache nach. Mit der Heilig-Geist-Kirche verbindet die Komturei die dankbare Erinnerung an zwei bedeutende Stadtpfarrer, die zum Ritterorden gehörten. Antonius von Thoma plante die Vergrößerung der Kirche, die dann, als er Münchener Erzbischof wurde, Adalbert Huhn ausführte.[7] Außerordentliche Anlässe, den Ordensmantel anzulegen, bieten die Sterbefälle der Mitglieder. Ein weißes Bartuch mit dem fünffachen roten Jerusalemkreuz deckt dann den Sarg des Verstorbenen, dem die Ordensmitglieder die letzte Ehre erweisen.

Ordensdamen

Die Münchener Ordensdame Marianne Thora hielt auf dem Regensburger Ordenskapitel am 4. Mai 1975 einen bemerkenswerten Vortrag über *Stellung und Aufgabe der Ordensdame vom Hl. Grab in Jerusalem.* Die redegewandte Rechtsanwältin nahm das ausgerufene *Jahr der Frau* als Aufhänger, nicht nur die ihrer Meinung nach schwer wiegenden gesellschaftlichen Fehlentwicklungen zu brandmarken. Sie hielt vor allem ein theologisch begründetes Plädoyer für das christliche Menschen- und Schöpfungsbild. Ein kurzer Auszug aus ihrer Rede beleuchtet Engagement und Esprit der Ordensdame

[6] EAM Nachlass Kardinal Wendel 19Gr/1959: Protokoll vom 10.03.1959.
[7] S. Kapitel 2.

Abb. 19: Heilig-Grab-Ritter halten Totenwache am Sarg des Herzogs Albrecht von Bayern.

Abb. 20: Komturdame Marianne Thora.

ebenso wie ihren tiefen Glauben. In unserem Zusammenhang sind ihre Gedanken zur Ordenskleidung aufschlussreich:[8]

Anlass für Thema und Bereitschaft zu sprechen, ist im tiefsten nicht das Jahr der Frau, sondern letztlich ein kleiner Münchner Bub, der mich nach der ersten Fronleichnamsprozession, an der ich mit Schleier und Mantel teilnahm, mit der Unbekümmertheit der Kinder mir die Frage stellte: ‚Frau, wos san denn nacha Sie?' und mit der Antwort, dass ich eine Ordensdame vom Hl. Grab zu Jerusalem sei, nicht zufrieden war, sondern schlicht fragte: ‚Wos is'n des?' Ich bin gar nicht so weit gekommen, dass ich ihm in einer für sein Alter verständlichen Form hätte erklären können, dass wir uns in die Nachfolge unseres Herrn und Heilands gerufen fühlen; denn schon bei der Erklärung, dass wir für das Heilige Land sorgen, bei der ich allerdings hatte einfließen lassen, dass wir dort auch Schulen bauen, erlosch sein Interesse jäh: Er maß mich mit diesem merkwürdig abschätzenden Blick, den Kinder manchmal haben, von Kopf bis Fuß und sagte enttäuscht und verwundert: ‚Und deswegen laffa [laufen] Sie so rum?' Für ihn war die Sache erledigt, für mich nicht. Denn seither hat mich die Frage nicht losgelassen: Was mag er mit kindlichem Gespür hinter Mantel, Kreuz und Schleier vermutet haben, dass er so enttäuscht war, und was rechtfertigt es in heutiger Zeit, dass wir ‚so rumlaufen'...

Lasst uns daher den Mantel tragen, der von altersher das Sinnbild des freien Menschen und seiner Würde einerseits und der Geborgenheit und des Schutzes andererseits war. Denn was wir der heutigen Welt trotz allen äußeren Glanzes ihrer Erfindungen und Wirtschaftswunder, der Eroberung des Weltraumes und der schier unbegrenzten Herrschaft über die Natur fehlt, das ist jenes Min-

[8]Den vollständigen Wortlaut des Vortrags s. THORA, Stellung und Aufgabe. Zur Person der Autorin s. Kapitel 4, 2.

destmaß an Güte, Mütterlichkeit, Erbarmen, Takt und Zartgefühl, das der Welt des Mannes durch die Frau zugeordnet ist: Sie bedarf wahrlich des in würdevoller Freiheit bergenden, schützenden, die Blößen bedeckenden Symbols. In der gleichen Richtung liegt der Symbolgehalt unseres Schleiers, den Gertrud von Le Fort als Symbol des Metaphysischen auf Erden bezeichnet. Sie weist darauf hin, dass alle großen Formen des Frauenlebens die Gestalt der Frau verhüllt zeigen. Der Schleier ist geradezu der Ausweis jeder großen weiblichen Sendung. Unter ihm ist der Frau zugeeignet vor allem das Unscheinbare, das eigentlich Verborgene und zumeist Verratene auf Erden, das Stille, die Güte, das Erbarmen, das Mysterium caritatis, dem wir in der Stille zu dienen bereit sind, wo immer wir stehen.

Und wir tragen das Kreuz unseres Herrn und Heilands in dem Wissen, dass der uns aufgetragene Weg der Verwandlung über das Kreuz geht, weil die Verwirklichung des Geistes Opfer und Verzicht verlangt, und die Natur sich nur durch Opfer vollendet und transparent wird für den Geist. Und dieses Opfer geschieht im Zeichen des Kreuzes. Fast alle Religionen der Frühzeit kennen das Kreuz als jenen Lebensbaum, der nach allen Seiten ausgebreitet den Kosmos umfasst. Im Christentum aber wurde, um eine Formulierung Karl Rahners zu gebrauchen, das Kreuz zum Mittelpunkt der Heilsgeschichte, weil die ausgespannten Hände des Logos, der vom Kreuz aus die ganze Welt umarmt, die Welt heimholt zum Vater...

3.2 Münchener Investituren

Investitur S.K.H. Albrecht Erbprinz von Bayern 1952

Am Heiligen Abend 1952 erhielt Albrecht Prinz von Bayern auf Schloss Berg am Starnberger See die Insignien des Ordens überreicht. Ob Ehrengroßprior Kardinal Wendel diesen Akt persönlich vollzog, geht aus den eingesehenen Archivbeständen nicht hervor. Immerhin gab es eine Bayerische Ordensprovinz schneller als erwartet. Bereits am 30. Januar 1953 meldete Statthalter Fürst Salm-Reifferscheidt dem Großprior Jaeger in Paderborn mit sichtlicher Genugtuung ein Telegramm aus der römischen Ordenszentrale folgenden Inhalts: *Freue mich Ew. Durchlaucht mitzuteilen, dass heute Vormittag in einer Feier am Sitz des Ordens [d. h. Rom] Sr. Eminenz Kardinal Frings Dekret für die Errichtung der drei deutschen Provinzen überreicht wurde. Für Rheinland Westfalen..., für Südwest..., für Bayern Präsident Erbprinz Albrecht von Bayern, Prior Monsignore Meixner. Bei dieser Gelegenheit wurde Sr. Eminenz Kardinal Wendel das Großkreuz verliehen.* Mitte Februar 1953 führte der Statthalter in München ein ausführliches Gespräch mit Großkreuzritter Kardinal Wendel über die Organisation der Bayerischen Ordensprovinz und traf sich zweimal mit Prinz Albrecht, der den Jesuitenprovinzial Pater Augustin Rösch als Berater zugezogen hatte. Weil der Prinz aber vor einer längeren Reise nach Brasilien stand, blieb es bei einer wohlwollenden Absichtserklärung. Seinen Eindruck über den neuen bayerischen Ordenspräsidenten fasste der Statthalter an den Großprior in Paderborn dahingehend zusammen: *Auch nach seiner Rückkunft glaube ich bezweifeln zu dürfen, dass er bereit sein wird sehr viel mehr als seinen Namen herzugeben. Trotzdem würde ich glauben, dass dies im bayerischen Raum bereits schon eine ganze Menge bedeutet.* – Es reichte nicht.[9] Trotz wiederholter Belebungsversuche blieb die formal errichtete bayerische Ordensprovinz vier Jahre lang Provinz auf dem Papier. Der Statthalter hatte sich im Februar 1955 erneut mit Kardinal Wendel

[9]EBAP Nachlass Kardinal Jaeger 9a/3: Salm-Reifferscheidt an Jaeger am 30.01.1953 (römisches Telegramm: von Erbprinz Albrecht fehle als Präsident der Bayerischen Ordensprovinz noch das schriftliche Einverständnis). Ebd.: Statthalter Salm-Reifferscheidt an Jaeger am 27.02.1953 (Münchener Gespräche).

in Sachen Bayerische Ordensprovinz beraten und Großprior Jaeger das Ergebnis mitgeteilt. Der Kardinal und er seien sich einig gewesen, dass *die Ernennung des Erbprinzen zum Präsidenten nicht glücklich [war], weil er nur ungern in die Öffentlichkeit geht und darüber hinaus das halbe Jahr in Brasilien verbringt. Herrn Prälat Meixner zum Prior zu bestellen, war verfehlt, weil er als homo politicus derart überlastet ist, dass er für diese Aufgaben einfach keine Zeit hat. Da diese beiden Ernennungen seinerzeit auf Initiative von Rom ausgingen, wurde besprochen, dieses Experiment in aller Behutsamkeit nun eher zu beenden.* Man habe eingehend die Personalfrage des Priorenamtes erörtert. Der Kardinal habe, wie erwartet, *erst die Herren seines Domkapitels [genannt], die er alle als ungeeignet und überaltert bezeichnete, kam aber dann auf Weihbischof Neuhäusler zu sprechen.* Letzterer erschien weder dem Statthalter noch dem Großprior als der geeignete Kandidat. So ließ Jaeger den Fürsten Salm-Reifferscheidt wissen, dass ihn der Name Neuhäusler *überrascht* habe. *Schließlich müssen aber die Bayern selber wissen, was unter ihren Verhältnissen richtig ist und selber dafür sorgen, dass sie eine arbeitsfähige und nach außen hin angesehene Ordensprovinz bekommen.* Es dürfte nicht den Erwartungen des Statthalters und des Großpriors entsprochen haben, dass sowohl Prinz Albrecht als Präsident und Prälat Meixner als Provinzprior weiterhin in ihren Positionen blieben.[10]

Kurz und gut, im folgenden Jahr schien es so weit. Als Datum hat-

[10] EBAP Nachlass Kardinal Jaeger 9a/3: Statthalter Salm-Reifferscheidt an Jaeger, Schloss Alfter b. Bonn, 16.02.1955 (Bericht vom Besuch in München). Ebd.: Jaeger an Salm-Reifferscheidt am 25.02.1955. Johannes Neuhäusler (1888-1973) aus Eisenhofen b. Dachau, 1913 Priester, 1923 Präsident des Ludwig-Missions-Vereins, 1925 Präsident des Landeskomitees für Pilgerfahrten (heute Bayerisches Pilgerbüro), 1932 Domkapitular, 1941 bis 1945 Häftling in den KZs Sachsenhausen und Dachau, 1947 Weihbischof; s. GATZ Erwin (Hrsg.): Die Bischöfe der deutschsprachigen Länder 1945-2001, S. 398f.

te man den 28. Oktober 1956 vereinbart, an dem im Rahmen einer Münchener Investitur die Promulgation der Provinz erfolgen sollte. Aber auch dieser Termin konnte nicht eingehalten werden. Aus Österreich kondolierte der dortige Statthalter Dr. Domanig Großprior Jaeger in Paderborn mit den Worten: *Schade, dass das Vorhaben, die Bayerische Statthalterei [!] wirklich auf die Beine zu stellen, das der Erfüllung schon so nahe schien, wieder aufgegeben wurde.* Den Hintergrund des Scheiterns scheinen nicht zuletzt Personalfragen gebildet zu haben. An der von Prälat Meixner dem Statthalter übermittelten Kandidatenliste fand dieser die Wahl von Generalmusikdirektor Professor Eugen Jochum als *sehr gut*, um dann fortzufahren: *Dagegen bin ich ein wenig über den Namen Hundhammer zurückgeschreckt. Menschlich und sachlich verehre ich Herrn Hundhammer, auch könnte man sich keinen besseren miles Christi vorstellen. Was mich aber ein wenig scheuen lässt, ist der Gedanke, eine so stark prononcierte und dynamische Persönlichkeit in die Ordensprovinz gleich zu Beginn hereinzunehmen, von der ich vermuten möchte, dass sie der ganzen Provinz ihr sehr eigenwilliges Gepräge aufdrücken könnte.*[11]

Endlich war es soweit. Angesichts der Verhältnisse nahm sich Großprior Jaeger im Blick auf die am 29. und 30. April 1957 festgesetzte Investitur mit Promulgation der Ordensprovinz sehr zurück und schrieb Kardinal Wendel: *Ich bin darum der Ansicht, dass es richtiger ist, wenn Sie selber nicht nur die Investitur vornehmen, sondern auch die Pontifikalmesse und Ansprache halten. Die neuen Ordensritter werden für ein solches richtungweisendes Wort ihres verehrten Cardinals und Großkreuzträgers besonders empfänglich*

[11] EBAP Nachlass Kardinal Jaeger 9a/3: Jaeger an Salm-Reifferscheidt am 28.06.1956 (geplante Münchener Investitur am 11.10.1956). Ebd. N.N. an Jaeger, Graz, 13.09.1956 (Kondolenzschreiben). EBAP Nachlass Kardinal Jaeger 9a/4: Salm-Reifferscheidt an Meixner am 30.09.1956 (Urteil über Jochum u. Hundhammer).

sein. Es kann die Grundlage für die gesamte Arbeit abgeben. Er werde gerne als Gast kommen und freue sich sehr auf die Festtage in München.[12]

Investitur der Deutschen Statthalterei mit Errichtung der Bayerischen Ordensprovinz 1957

Die erste Investitur der Deutschen Statthalterei in Bayern fand in Verbindung mit der Promulgation der Bayerischen Ordensprovinz am 30. April 1957, dem Dienstag nach dem Weißen Sonntag, in der wiederhergestellten Münchener Theatinerkirche am Odeonsplatz statt. Ihr war am Montagabend eine Andacht mit Predigt des Provinzpriors Prälat Meixner in der Oberkirche des Bürgersaals der Münchener Männerkongregation für die Ordenskandidaten vorausgegangen. Der Feier am Dienstagmorgen in der Theatinerkirche und dem Festakt im Bayerischen Hof standen Großprior Jaeger und Ehrengroßprior Kardinal Wendel vor. In der von Großprior Jaeger zelebrierten Pontifikalmesse investierte Ehrengroßprior Wendel 24 Ritter und drei Ordensdamen. Den Ordensmantel legte ihnen in Vertretung des erkrankten Statthalters Fürst Salm-Reifferscheidt Großprior Jaeger an. Aus dem Erzbistum München und Freising erhielten das fünffache rote Jerusalemkreuz Oberschulrat Karl Anton Ederer, Elisabeth Freifrau von und zu Guttenberg, Minister Dr. Alois Hundhammer, Bankdirektor Dr. Karl Kreuser, Ministerialdirigent Eberhard Kuchtner, Prof. Dr. Max Lebsche, Oberfinanzpräsident i. R. Alexander Prugger und Verlagsdirektor Dr. Hermann Vitalowitz. Die musikalische Gestaltung lag in Händen der ehemaligen bayerischen Hofkapelle unter Leitung von Domkapellmeister Prof. Johann Hafner. In seiner Festpredigt zollte Großprior Jaeger zunächst dem bischöflichen Amtsbruder Wendel und der Stadt

[12] EBAP Nachlass Kardinal Jaeger 9a/4: Jaeger an Wendel am 09.03.1957.

München, seinem ehemaligen Studienort, nobel Reverenz. Als roten Faden der Predigt hatte er sich die historischen Verdienste des *zweiten Apostel Deuschlands* Petrus Canisus SJ, des Tagesheiligen, und die des Feldmarschalls Johann Graf von Tilly gewählt, dessen Denkmal die der Theatinerkirche benachbarte Feldherrnhalle zeigt. Für die Namenswahl der drei Jahre später errichteten Münchener Komturei ist Jaegers Deutung der *Patrona Bavariae* aufschlussreich: *In wenigen Tagen, so führte er aus, wird das bayerische Volk sich versammeln, um die Weihe an die Patrona Bavariae aufs neue festlich zu erneuern. Die Ritterschaft unseres heiligen Ordens wird sich dabei in der Liebe zur Gottesmutter von niemandem übertreffen lassen. Sie ist die Schutzpatronin unseres Hohen Ordens als Regina Palaestinae, hier verehrt als Patrona Bavariae.*[13]

Nach einem gemeinsamen Frühstück im Bayerischen Hof proklamierte Großprior Jaeger als Vertreter des Statthalters unter Assistenz von Kardinal Wendel die Bayerische Ordensprovinz. Von den zahlreichen auswärtigen Gästen begrüßte er die Ordensbrüder aus Salzburg und der Schweiz besonders herzlich. Dem Statthalter Fürst Salm-Reifferscheidt ließ er Genesungswünsche telegraphieren und sprach dessen anwesender Gemahlin Cecilie Fürstin von Salm-Reifferscheidt das Mitgefühl aller aus; dem in Brasilien weilenden ersten Präsidenten der Bayerischen Ordensprovinz Herzog Albrecht von Bayern übermittelte er Grüße. Den Dank der Neuinvestierten brachte beim abschließenden Mittagsmahl Prof. Dr. Götz Freiherr von Pölnitz aus Augsburg in einer geistreichen Festrede zum Ausdruck. Die Genugtuung über die glatt verlaufenen beiden Mün-

[13] EBAP Nachlass Kardinal Jaeger 9a/4: Jaeger an das Kanzleramt des Ordens in Köln am 14.03.1957 (Kandidatenliste für das Großmeisteramt). Deus lo vult 11 <1957> 347-351, hier 349 (Zitat). Das Fest des hl. Petrus Canisius war in diesem Jahr durch die Osteroktav vom 27. auf den 30. April verdrängt. WANDERS, Erinnerungen und Gedanken 30 führt anstatt 27 nur 25 Ritter bzw. Damen auf.

Einladung

DIE DEUTSCHE STATTHALTEREI DES RITTERORDENS
VOM HEILIGEN GRABE ZU JERUSALEM GIBT SICH DIE EHRE
EINZULADEN ZUR

Feierlichen Investitur

UND ZUR

Promulgation der neuzuerrichtenden Bayerischen
Ordensprovinz

IN DER THEATINERKIRCHE ZU MÜNCHEN

Abb. 21: Einladung zur Investitur 1957.

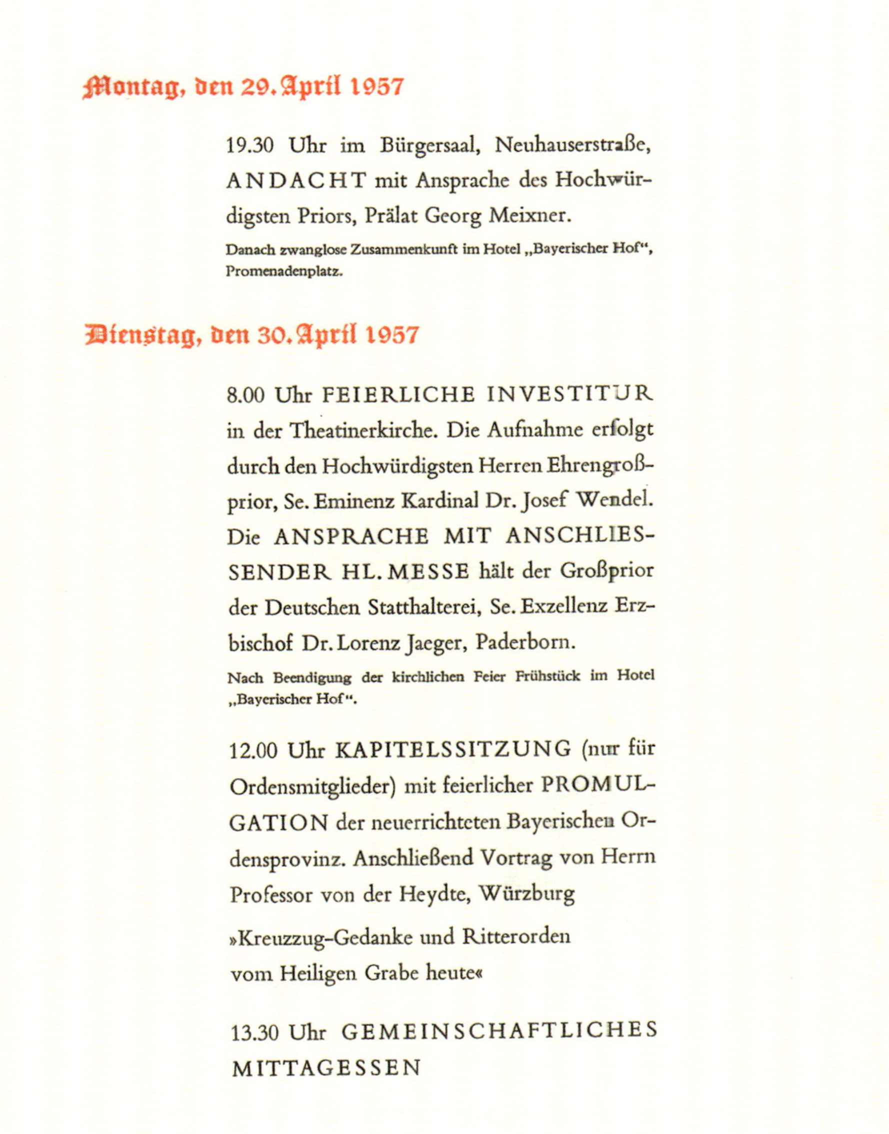

Montag, den 29. April 1957

19.30 Uhr im Bürgersaal, Neuhauserstraße, ANDACHT mit Ansprache des Hochwürdigsten Priors, Prälat Georg Meixner.

Danach zwanglose Zusammenkunft im Hotel „Bayerischer Hof“, Promenadenplatz.

Dienstag, den 30. April 1957

8.00 Uhr FEIERLICHE INVESTITUR in der Theatinerkirche. Die Aufnahme erfolgt durch den Hochwürdigsten Herren Ehrengroßprior, Se. Eminenz Kardinal Dr. Josef Wendel. Die ANSPRACHE MIT ANSCHLIESSENDER HL. MESSE hält der Großprior der Deutschen Statthalterei, Se. Exzellenz Erzbischof Dr. Lorenz Jaeger, Paderborn.

Nach Beendigung der kirchlichen Feier Frühstück im Hotel „Bayerischer Hof“.

12.00 Uhr KAPITELSSITZUNG (nur für Ordensmitglieder) mit feierlicher PROMULGATION der neuerrichteten Bayerischen Ordensprovinz. Anschließend Vortrag von Herrn Professor von der Heydte, Würzburg

»Kreuzzug-Gedanke und Ritterorden vom Heiligen Grabe heute«

13.30 Uhr GEMEINSCHAFTLICHES MITTAGESSEN

Abb. 22: Programm der Investitur 1957.

chener Festtage zeigt nicht zuletzt ein Beschluss des soeben aus der Taufe gehobenen Provinzrates im folgenden Jahr. Ehrengroßprior Kardinal Wendel hatte am 25. Juni 1958 Präsident Herzog Albrecht von Bayern, Prior Prälat Meixner, Zeremoniar Professor von Pölnitz, Sekretär Dr. Georg Haindl und Schatzmeister Dr. Karl Kreuser ins Erzbischöfliche Palais geladen. Das Protokoll der Sitzung des vollständig erschienenen Provinzrates schrieb gleich unter dem ersten Punkt den Beschluss fest, dass alle künftigen Investituren in München *stets in der Theatinerkirche* abzuhalten seien. Desgleichen bekräftigte der Provinzrat auf seiner Sitzung am 16. Juli 1958 im Erzbischöflichen Palais unter dem Vorsitz von Kardinal Wendel und Präsident Herzog Albrecht: *Religiöses Zentrum der Bayerischen Provinz ist die Theatinerkirche.*[14]

Wie aus dem Schriftwechsel Jaegers und Wendels hervorgeht, stand es um Loyalität und Korpsgeist in der Ordensprovinz nicht zum Besten. So hatte Jaeger, der nach dem zwischenzeitlich erfolgten Tod des Fürsten Salm-Reifferscheidt als Regent die Geschäfte der Statthalterei führte, am 6. Juli 1958 seinem Münchener Amtsbruder Wendel geklagt, dass er aus Bayern *ärgerliche Zuschriften* erhalte. In ihnen werde nicht nur der verstorbene Statthalter wegen Lethargie in der bayerischen Ordensfrage gescholten, sondern auch die bayerische Ordensleitung insgesamt abgelehnt. In *den Kreisen der bayerischen Ordensmitglieder* sei man *allgemein* der Auffassung, dass weder Präsident, noch Prior und auch nicht der Sekretär ihren Aufgaben gewachsen seien. Er, Jaeger, werde als Großprior und Interrimsregent geradezu *bedrängt*, in Rom dafür zu sorgen, dass man den Herzog unter Verleihung des Großkreuzes zum Ehrenpräsidenten promoviere, um das Amt neu zu besetzen. Offenbar

[14] Deus lo vult 11 <1957> 350f. (Dankrede von Pölnitz). EAM Nachlass Kardinal Wendel 19Gr/1958: Protokoll der Sitzung des Provinzrates am 25.06.1958 u. am 16.07.1958.

um entsprechende Vorschläge gebeten, brachte im September Professor von Pölnitz Kardinal Wendel gegenüber Oberfinanzpräsident Prugger als neuen Präsidenten und Jesuitenpater Franz von Löwenstein SJ, den Bruder des Präsidenten des Zentralkomitees der Deutschen Katholiken Karl Fürst zu Löwenstein, als neuen Prior ins Gespräch, ohne damit zur Lösung der offenen Personalfragen beitragen zu können. Nachdem Herzog Albrecht in gütlichem Einvernehmen seiner Promotion zum Ehrenpräsidenten zugestimmt hatte, bestellte der neue Statthalter Friedrich August Freiherr von der Heydte nach Rücksprache mit Großprior Jaeger und Ehrengroßprior Wendel 1959 von Pölnitz zum neuen bayerischen Präsidenten. Die Ernennung Pater Löwensteins zum Prior scheiterte an der Zustimmung seines Ordensoberen aus grundsätzlichen Gründen.[15]

Investitur von Akademiedirektor Dr. Karl Forster 1960

Auf der Kandidatenliste für die Investitur in Fulda 1959 stand der erste Direktor der Katholischen Akademie in Bayern Dr. theol. Karl Forster. Weil er jedoch seinen Unterlagen kein beglaubigtes Taufzeugnis beigelegt hatte, wurde er von der Ordensleitung nicht zugelassen. Forster dürfte zu Recht die Urkunde seiner Priesterweihe als hinreichend betrachtet haben. Auch Ehrengroßprior Kardinal Wendel sah es so. Er investierte Forster nach Information des Statthalters von der Heydte, doch offenbar ohne Rücksprache mit Großprior Jaeger von Paderborn am Dienstag, dem 15. Februar 1960, in seiner erzbischöflichen Privatkapelle. Im Gästebuch der Komturei fehlt zu diesem Datum ein Eintrag. Offenbar waren zu dieser Feier weder der Präsident der Bayerischen Ordensprovinz noch die

[15] EAM Nachlass Kardinal Wendel 19Gr/1958: Jaeger an Wendel am 06.07.1958 Ebd. Pölnitz an Wendel am 06.09.1958 (Prugger, Löwenstein). Zu Franz Joseph Fürst und Altgraf zu Salm-Reifferscheidt-Dyck (1899-1958) s. Deus lo vult 13 (1958) 387-389 (mit Nachruf von Großprior Jaeger).

Mitglieder der soeben gegründeten Münchener Komturei geladen. Großprior Jaeger hatte seine Bedenken dem Statthalter gegenüber bereits am 21. Oktober 1959 geäußert: *Sorge macht mir die private Investiturfeier für Herrn Dr. Forster durch Eminenz Wendel. Das kann Schule machen. Es erregt ganz sicher den Unwillen der Ordensbrüder, falls es bekannt wird.* Warum der ebenfalls zur Investitur vorgeschlagene Chef des Hauses Wettin, S.K.H. Friedrich Christian Markgraf von Meißen (1893-1968), nicht zum Zuge kam, geht aus den eingesehenen Archiven nicht hervor. Markgraf Friedrich Christian, der Großmeister des Marien-Ritterordens war, hatte nach seiner Flucht aus der Ostzone, der späteren DDR, in den Westen u. a. die Studiengruppe für sächsische Kultur in München und das Sachsenmuseum auf Schloss Nymphenburg angeregt. In den frühen Jahren nach Wiederbegründung der Deutschen Statthalterei war es noch keine Selbstverständlichkeit, dass der Großprior das Recht des Ritterschlags konkurrenzlos beanspruchen konnte. Die Investitur am 7. Dezember 1950 in Köln beispielsweise nahm der dortige Erzbischof und Ehrengroßprior Josef Kardinal Frings vor. Den Organisatoren der Investitur am 7. Mai 1955 in Hannover versicherte Großprior Jaeger, dass er gerne komme, doch bleibe es ihnen selbstverständlich freigestellt, zwischen ihm und Kardinal Frings, dem Vorsitzenden der Fuldaer Bischofskonferenz, zu wählen. Frings verstand den Wink und trat unter dem Vorwand einer Familienfeier von der Investitur zurück. Die Investitur am 26. September 1959 in Fulda hielt der Prior der Rhein-Main-Provinz Bischof Dr. Albert Stohr von Mainz – wegen des freundschaftlichen Verhältnisses beider sicherlich im Einvernehmen.[16]

[16]EBAP Nachlass Jaeger 9a/5 (Korrespondenz zwischen Jaeger und v.d. Heydte am 16.10.1959 u. 21.10.1959); vgl. ebd. 9a/1 (Investitur in Köln durch Kardinal Frings), 9a/3 (23.03.1955 Brief Jaegers in Angelegenheit Hannover), 9a/5 (Investitur in Fulda durch Bischof Stohr).

Investitur von Generalmusikdirektor Eugen Jochum 1962

Wie Kardinal Wendel brachte auch der Ende September 1961 als neuer Erzbischof von München und Freising inthronisierte Julius Kardinal Döpfner der Komturei Patrona Bavariae große Aufmerksamkeit entgegen. Döpfner war bereits als Bischof von Berlin Ehrengroßprior und Ritterkreuzträger. Am 25. April 1962 schrieb der Kardinal an Statthalter von der Heydte: *Inzwischen habe ich hier in München die ersten Kontakte mit Ihren Ordensbrüdern aufgenommen und gesehen, dass in der Gemeinschaft ein Geist wahrer Konfraternität und apostolischer Verantwortung besteht.* Obgleich Döpfner als Mitglied der vorbereitenden Zentralkommision des Zweiten Vatikanischen Konzils schon vor dessen Eröffnung am 11. Oktober 1962 oft in Rom tätig sein musste, nahm er sich die Zeit für eine besondere Ehrung der Münchener Komturei. Am Sonnabend, dem 22. September 1962, schlug er im Rahmen einer Messfeier um 8.30 Uhr in seiner Privatkapelle Generalmusikdirektor Professor Eugen Jochum, den Gründer des Symphonieorchesters des Bayerischen Rundfunks und damaligen Leiter des Amsterdamer Concertgebouw-Orchesters, zum Ritter vom Heiligen Grab. Den Ordensmantel legte ihm Statthalter von der Heydte an. Anschließend lud Jochum den Kardinal, die Konfratres und die Gäste zum Frühstück in den Bayerischen Hof. Die Ordensdamen vertraten Elisabeth Reichsfreifrau von und zu Guttenberg und die Gattin des Provinzpräsidenten, Gudila Freifrau von Pölnitz. Wie die beiden Baroninnen, so gehörte auch Frau Maria Jochum, die Gattin des neuen Ritters, zu den regelmäßigen Teilnehmern der Münchener Komtureiveranstaltungen, letztere auch nach dem 1987 erfolgten Tod ihres Gatten. Großprior Lorenz Jaeger hatte der außerordentlichen Investitur zugestimmt, weil Jochum wegen seiner in- und ausländischen Verpflichtungen die ordentlichen Investiturtermine nicht wahrnehmen konnte. Jochum war bereits 1956 zusammen mit dem bayerischen Landtagspräsidenten Dr. Alois Hundhammer als Kandidat vorgeschlagen worden. Den vermutlich von Präsident Pölnitz unterbreiteten Vorschlag, zusammen mit Jochum 1962 auch den Würzburger Kandidaten Johannes Schädel von Kardinal Wendel privat investieren zu lassen, verwies Großprior Jaeger auf die am 15. Dezember des Jahres anstehende ordentliche Investitur in Köln.[17]

Investitur der Bayerischen Ordensprovinz 1965

Präsident von Pölnitz hatte Kardinal Döpfner am 4. Dezember 1964 verbindlich mitgeteilt, dass der römische Kardinalgroßmeister Eugène Tisserant am 1. und 2. Mai des kommenden Jahres in München eine Investitur der Deutschen Statthalterei abhalte. Die Vorbereitungen an der Isar waren getroffen, die Kandidaten und Gäste eingeladen, als Kardinal Tisserant sein Kommen ohne Angabe von Gründen kurzfristig absagte. Er teilte Statthalter von der Heydte am 29. März 1965 mit: *Exzellenz, Ich sehe mich leider gezwungen, Sie zu bitten, die Zusammenkunft und die Investituren, die für den 1. und 2. Mai in München festgesetzt waren, auf ein Datum zu verschieben, das ich noch nicht vorhersehen kann. Ich hoffe, dass diese Programmänderung die Ritter und Damen der Deutschen Statthalterei nicht allzu sehr berührt...* Die Bestürzung in der Komturei lässt sich denken. Drohten doch nicht zuletzt empfindliche finanzielle Einbußen, weil die erforderlichen Räumlichkeiten in der Stadt angemietet waren und die Teilnehmer ihre Hotelzimmer gebucht hatten. Der Betroffenheit in München entsprach eine erhebliche Verstimmung bei Statthalter von der Heydte und Großprior Jae-

[17] EAM Nachlass Kardinal Döpfner 19Gr/1962 (Korrespondenz zwischen Döpfner, v.d. Heydte, Pölnitz und Kreuser vom 25.04.1962, 5.09.1962, 10.09.1962 u. 20.09.1962). EABP Nachlass Kardinal Jaeger 9a/3 (Kandidatur Jochums 1956). Gästebuch I. Die Münchener Investitur am 22.09.1962 ist im *Mitgliederverzeichnis 2008* nachzutragen, entsprechend Jochum unter der Investitur in Limburg 1961 (ebd. 290) als irrig zu streichen.

ger, den Papst Paul VI. soeben zum Kardinal erhoben hatte. Jaeger mutmaßte dem Statthalter gegenüber, dass Tisserant wegen des nach München eingeladenen französischen Statthalters S.K.H. Prinz Xavier de Bourbon-Parma abgesagt haben könnte. Die Spannungen zwischen beiden seien allgemein bekannt. Nachdem Kardinal Jaeger, der wegen unaufschiebbarer Verpflichtungen im Paderborner Erzbistum selbst nicht nach München kommen konnte, seinem Amtskollegen Döpfner freie Hand gegeben hatte, entschied dieser in der peinlichen Lage souverän. Er teilte am 20. April 1965 dem Kardinalgroßmeister in Rom mit, dass die Investitur in München auch ohne ihn stattfinde. Er stellte Tisserant vor vollendete Tatsachen. Das Datum des Briefes *fünf vor zwölf* war wohl bewusst gewählt, um ein schriftliches Veto Tisserants zu verhindern. Döpfner ließ den Kardinalgroßmeister immerhin soviel wissen, dass die für den 1. und 2. Mai vorgesehene Investitur *nun im kleineren Rahmen der bayerischen Provinz stattfinde.* Der Münchener Kardinal nahm somit als Vorsitzender der Bayerischen Bischofskonferenz und Ehrengroßprior in Anspruch, die Angelegenheit der Bayerischen Provinz des Ritterordens persönlich zu verantworten.

Die bayerische Provinzinvestitur am Samstag/Sonntag, dem 1. und 2. Mai 1965, in München verlief trotz aller vorangehenden Verstimmungen würdig. Von den zunächst benannten 13 Ordensanwärtern aus ganz Deutschland waren aus besagtem Grund nur die sieben bayerischen Kandidaten geladen worden: Peter-Carl Freiherr von Aretin, Anton Hergenröder, Klara Kemmler, Dr. jur. Winfried Freiherr von Pölnitz von und zu Egloffstein, Dr. oec. Paul Wald, Prof. Dr. med. Dr. phil. Emil Weinig und Dr. jur. Fritz Wiesenthal. Prior Dr. Karl Forster hatte die Katholische Akademie in Schwabing als Tagungszentrum reserviert. Am Samstagmorgen ab 10.00 Uhr erhielten hier die Kandidaten ihre Einführung, die angereisten Ordensmitglieder und Gäste ein geistliches Begleitprogramm. In das ausgelegte Gästebuch trugen sich, angeführt von Kardinal Döpfner, Provinzprior Erzbischof DDr. Josef Schneider von Bamberg, Statthalter von der Heydte und Präsident von Pölnitz, rund 80 Damen und Herren ein. Um 17.00 Uhr brachten Busse die Teilnehmer von der Katholischen Akademie zur Dreifaltigkeitskirche, in der um 18.00 Uhr Ehrengroßprior Kardinal Döpfner im Rahmen einer Pontifikalmesse den sieben Kandidaten den Ritterschlag erteilte. Am Sonntagmorgen feierte der Bamberger Erzbischof Schneider um 8.00 Uhr in der Katholischen Akademie die Eucharistie. Um 11.00 Uhr fand die Kapitelssitzung mit einem Vortrag von Erzbischof Schneider zum Thema *Ordensaufgaben* statt. Das gemeinsame Mittagessen beschloss die Investitur. Auf Öffentlichkeit war bewusst verzichtet worden. Als Andenken hatte die Komturei ein Heiligenbildchen zur Einlage ins Gesangbuch drucken lassen. Es zeigte auf der Vorderseite die *Patrona Bavariae* des Hans Krumper an der Münchener Residenz von 1616 - die Patronin der Münchener Komturei -, auf der Rückseite das Ordensgelöbnis:

> *Mit aufrichtigem Herzen erkläre und verspreche ich vor Gott dem Allmächtigen, vor Jesus Christus, seinem Eingeborenen Sohn, und vor der allerseligsten Jungfrau Maria, alles zu halten, was mir als Streiter Christi aufgetragen wird.*

Die harmonisch verlaufene Investitur konnte nicht über den Tiefstand der Beziehungen zwischen der Deutschen Statthalterei und der römischen Ordensleitung hinwegtäuschen. Es gab nicht nur verbreitete Depression, sondern offene Aufruhr gegen das römische Großmeisteramt wegen dessen Personalpolitik und Finanzpraktiken. Der Grad der allgemeinen Erregung lässt sich am Schritt des Statthalters von der Heydte ablesen, der am 23. Juni 1965 Kardinalgroßmeister Tisserant sein Rücktrittsgesuch einreichte und von diesem bereits am 9. Juli in dem Essener Rechtsanwalt Lorenz

Höcker einen Nachfolger erhielt. Tisserant hatte weder Erzbischof Jaeger – seit Empfang des Kardinalspurpurs im Frühjahr Ehrengroßprior – noch den als interimistisch bestellten Großprior Bischof Dr. Franz Hengsbach, den Ortsbischof Höckers, vorher konsultiert. Ebenso erfolgte am 1. Mai 1968 in Rom die Ernennung von Dr. Alois Hundhammer zum deutschen Statthalter ohne Rücksprache mit dem deutschen Großprior, dem Kölner Weihbischof Wilhelm Cleven, und dem Statthaltereirat. Großprior Cleven unterrichtete Kardinal Döpfner am 17. Juni des Jahres darüber, dass Generalgouverneur Rizzi in Deutschland gewesen sei und u. a. in Duisburg Promotionen vorgenommen habe, ohne ihn darüber zu informieren. Auf welchen Tiefpunkt schließlich das Ordensleben gesunken war, lässt sich am Schreiben des Präsidenten der Niedersächsischen Ordensprovinz Peter Reichsgraf von Wolff-Metternich vom 22. Juni 1968 an die Kardinäle Döpfner und Jaeger ablesen: Der Provinzrat sehe sich nicht mehr in der Lage, die gegenwärtige Situation des Ordens dadurch zu bestätigen, dass seine Mitglieder in der Öffentlichkeit als Ritter aufträten. Er habe daher beschlossen, dass seine Mitglieder im Bereich der Provinz nicht mehr öffentlich den Ordensmantel tragen.[18]

Investitur der Deutschen Statthalterei 1968

Die für den 8. Juli 1968 nach München ausgeschriebene Investitur durch Kardinalgroßmeister Eugène Tisserant verlief nach den geschilderten Umständen nicht spannungsfrei. Großprior Cleven, Ehrengroßprior Kardinal Jaeger und der bayerische Provinzprior

[18] EAM Nachlass Kardinal Döpfner 19Gr/1964 (Programm der Investitur, Brief v.d. Heydtes an Döpfner vom 1.09.1965). EBAP Nachlass Kardinal Jaeger 9a/9 (Jaeger an v.d. Heydte am 9.04.1965); 9a/11 (Wolff-Metternich an Döpfner u. Jaeger am 22.06.1968; Cleven an Jaeger u. Döpfner am 17.06.1968). Mitteilungen der Deutschen Statthalterei Nr. 8 <Ende Februar 1965> (Brief Tisserants). Gästebuch I. Cramer/Frohn, Der Ritterorden vom Hl. Grabe 119-121.

Erzbischof Schneider von Bamberg ließen sich als *verhindert* entschuldigen. Von den rund 350 deutschen Ordensmitgliedern waren etwa 100 angereist. Das von Statthalter Hundhammer in Absprache mit Kardinal Döpfner zusammengestellte Programm konnte sich sehen lassen. Der aus Paris angereiste Kardinaldekan Tisserant wurde am Sonntag, dem 7. Juli, auf dem Münchener Hauptbahnhof von Kardinal Döpfner und Statthalter Hundhammer begrüßt und zum Hotel Vier Jahreszeiten eskortiert. Dort residierte der Kardinal bis zu seiner Abreise am 10. Juli. Am Montagmorgen, dem 8. Juli, machte Tisserant Kardinal Döpfner seine Aufwartung und nahm anschließend mit diesem am Ordenskapitel teil, das im Kammersaal der Industrie- und Handelskammer tagte. In seiner Rede rief Statthalter Hundhammer zur Aktivierung des Ordens auf, nicht zuletzt *durch den Ausbau und die Belebung seiner inneren Organisation.* In einem Presseinterview hatte er als Aufgabe des Ordens nicht nur die Unterstützung der kulturellen, karitativen und sozialen katholischen Einrichtungen im Heiligen Land genannt. Es sei auch notwendig, den dortigen Christen als Anwalt ihrer bürgerlichen Rechte beizustehen. Ordensmitglied könne man nur *in absoluter Treue zum römischen Papst und gemäß den Lehren des Zweiten Vatikanischen Konzils sein.* Die feierliche Investitur von 20 Kandidaten nahm Kardinalgroßmeister Tisserant am Nachmittag im Liebfrauendom vor. Das lateinische Pontifikalamt zelebrierte der Kardinalgroßmeister, die Predigt hielt Ehrengroßprior Kardinal Döpfner. Aus der Münchener Komturei erhielten den Ritterschlag Dr. iur. Erich Bohrer, Bankier Dr. Anton Ernstberger, Direktor Max Geiger, Staatsminister Dr. Fritz Pirkl, Oberfinanzpräsident Fritz Rüth, Generalsekretär Max Streibl und Landrat a. D. Franz Graf von Spreti. Den feierlichen Abschluss des Tages bildete ein Empfang der bayerischen Staatsregierung im Antiquarium der Residenz. Am Dienstag, dem 9. Juli, feierte der Kardinalgroßmeister zunächst am Grab von

Abb. 23: Kardinalgroßmeister Tisserant (links) bei Kardinal Döpfner.

Abb. 24: S.K.H. Franz Herzog von Bayern wurde 2004 investiert.

Pater Rupert Mayer SJ in der Bürgersaalkirche die hl. Messe und empfing dann Ministerpräsident Dr. Alfons Goppel zu einem Mittagessen. Nachmittags besuchte er den Heilig-Blut-Karmel auf dem Gelände des ehemaligen Konzentrationslagers Dachau. Es begleiteten ihn Statthalter Hundhammer und Weihbischof Johannes Neuhäusler, zwei ehemalige KZ-Häftlinge. Am Abend gab das Kuratorium für Internationale Vergebung e. V. einen Empfang zu Ehren des römischen Gastes. Vor seiner Rückfahrt besuchte Kardinal Tisserant am 10. Juli noch das Grab des hl. Korbinian im Freisinger Dom und das dortige Priesterseminar.[19]

Investitur der Deutschen Statthalterei 1977

Die Ordenszeitung beginnt ihren Bericht über die Münchener Investiturfeier vom 2. bis 4. Dezember 1977 wie folgt: *Zunächst muß festgestellt werden, dass die Münchener Komturei Patrona Bavariae mehr als 600 Gäste unterzubringen und immer wieder mit Omnibussen durch die Stadt mit ihren weiträumigen Fußgängerzonen zu schleusen,unter ihrem rührigen Leitenden Komtur Freiherr von Aretin glänzend gelöst hat, auch als die Stadt sich nach dem Neuschnee im strahlenden Winterkleid zeigte...* Das Programm begann am Freitagabend, dem 2. Dezember, in St. Peter *mit einer altbayerischen Einstimmung in den Advent.* Es boten ein Sextett im Wechsel mit einem Terzett alpenländische Weisen und Lieder. Meditative Einlagen sprach Stadtpfarrer Monsignore Max Zistl. Am Samstagmorgen fanden im Hotel Deutscher Kaiser am Hauptbahnhof die Statthaltereisitzung und die Einführung der Kandidaten statt. Um

[19] EBAP Nachlass Kardinal Jaeger 9a/11 (Bruno Pauls an Jaeger am 07.07.1968: Münchener Investitur sei angesichts der Auflösungserscheinung des Ordens in Deutschland *ein makabres Schauspiel*). Unterlagen der Komturei (Fotoalben u. ä.). KNA Nr. 150 <30.06.1968> (Programm) u. Nr. 156 <08.07.1968> (Namen der Münchener Kandidaten); vgl. MV <2008> 296 (Max Streibl fehlt).

12.00 Uhr gab Ministerpräsident Dr. Alfons Goppel im Antiquarium der Residenz einen Empfang. Die feierliche Investitur hielt um 16.00 Uhr in St. Michael Großprior Bischof Dr. Franz Hengsbach. Den festlichen Rahmen des in Konzelebration mit sechs Priestern des Ordens gefeierten Amtes bildete die *Spatzenmesse* Missa brevis in C-Dur von Wolfgang Amadeus Mozart, die dieser einst für die Münchener Hofkapelle komponiert hatte. In seiner Predigt sprach Großprior Hengsbach im Blick auf den Tagesheiligen, den Völkermissionar Franz Xaver, über die *Waffen des Glaubens.* Von den 26 Investierten kamen Prof. Dr. phil. Heinz Dollinger und Josef Othmar Zoeller aus der Münchener Komturei. Ordensdame Erika Pöhlmann wurde zur Komturdame promoviert. Zum festlichen Abend war in den Bayerischen Hof geladen, wo wegen der außergewöhnlichen Zahl der Teilnehmer in zwei verschiedenen Räumen gespeist werden musste. Die Reden konnten dank einer guten Lautsprecheranlage von allen gehört werden. Statthalter Hermann-Josef Abs dankte der Patrona Bavariae für die vorzügliche Ausrichtung der Investitur, schlug einen harten Ton an gegen Vertreter der Befreiungstheologie, die das Liebeswerk *Adveniat* mit seinem Leiter, Bischof Hengsbach, in Misskredit brächten und sah mit dem Besuch des ägyptischen Präsidenten Sadat in der Grabeskirche einen Silberstreif für Frieden in Palästina. Den Dank der Neuinvestierten formulierte der Leiter der Hauptabteilung des Bayerischen Rundfunks, Josef Othmar Zoeller, der sich als ehemaliger Ministrant von Bischof Hengsbach zu erkennen gab. Es gelte zu danken für die aktive Geborgenheit in der ritterlichen Bruderschaft des Ordens, die Gelegenheit biete, den Weg zum Glauben und zur Kirche freizukämpfen. Den Sonntagsgottesdienst am 4. Dezember feierte der Prior der Bayerischen Ordensprovinz, Bischof Dr. Josef Stimpfle von Augsburg, in der Theatinerkirche. Für den musikalischen Rahmen sorgte mit Gregorianischem Choral und Motetten Orlando di

Lassos die ehemalige königliche Vokalkapelle, die Orlando einst dirigiert hatte. Mit der anschließenden Kapitelssitzung endeten die Münchener Tage.[20]

Investitur der Deutschen Statthalterei 1988

Die Münchener Investitur vom 21. bis 23. Oktober 1988 mit ihrem bayerischen Kolorit hat Cfr. Dr. Franz Menges in der Ordensszeitung anschaulich geschildert. Die Komturei hatte unter Federführung ihres Ltd. Komturs Peter Neukam für fast 800 Teilnehmer Kirchen, Hotels und Tagungsräume zu planen. Großprior Dr. Franz Hengsbach kam zum ersten Mal als Kardinal der Römischen Kirche zu einer Investitur. Das Programm orientierte sich am bewährten Verlauf der letzten Münchener Investitur. Die Feiern begannen am Freitag, dem 21. Oktober, mit einer alpenländischen Marienandacht in St. Peter, in der Abt Odilo Lechner OSB von St. Bonifaz und Andechs die geistliche Einstimmung gab. Der anschließende Begrüßungsabend fand im Festsaal des Hofbräuhauses statt. Der Samstagvormittag mit einem gesonderten Angebot für Ordensmitglieder, Angehörige und Gäste führte um 11.30 Uhr alle beim Empfang der Bayerischen Staatsregierung durch Ministerpräsident Cfr. Dr. Max Streibl im Kaisersaal der Residenz zusammen. Am Nachmittag zogen die Ordensmitglieder und Kandidaten nach einer von Prior Prälat Dr. Hieronymus Menges gehaltenen Statio von der Bürgersaalkirche nach St. Michael, wo Kardinal Hengsbach um 16.30 Uhr den feierlichen Investiturgottesdienst begann. Chor und Orchester von St. Michael unter Leitung von Elmar Schloter brachten die Messe in B-Dur von Franz Schubert zur Aufführung. Nach seiner Predigt zum Thema *Maria im Leben der Kirche* erteilte Großprior

[20] Einladung der Komturei Patrona Bavarae zur Investiturfeier vom 2. bis 4. Dezember 1977 in München. Deus lo vult NF 20 <Januar 1978> 1f. (Predigt von Großprior Hengsbach) u. 3-7 (Bericht über Verlauf der Investitur).

Kardinal Hengsbach 20 Kandidatinnen und Kandidaten den Ritterschlag, darunter aus München Universitätsprofessor Dr. theol. Alois Baumgartner und Dr. med. Helga-Margot Deiler. Statthalter Prof. Dr. Johannes Binkowski legte ihnen den Ordensmantel an. Ministerpräsident Dr. Max Streibl wurde vom Ritter zum Komtur mit Stern promoviert. In den Fürbitten gedachte man des verstorbenen Kardinalgroßmeisters Maximilian de Fürstenberg. Den Ausklang des Investiturtages bildete das festliche Abendessen im Hotel Bayerischer Hof. Statthalter Dr. Binkowski beglückwünschte den Großprior namens der deutschen Ordensgemeinschaft zur Aufnahme in das Kardinalskollegium und dankte der Münchener Komturei für die Organisation des Festes. Grußworte sprachen Cfr. Dr. Julius Schuster für die österreichische, Cfr. Prof. Dr. Michel Bonnet für die französische und Cfr. Eugène Maurissen für die belgische Statthalterei. Cfr. Prof. DDr. Klaus Wittstadt bedankte sich namens der Neuinvestierten. Vor dem Sonntagsgottesdienst versammelten sich die Ordensmitglieder zur Statio im Bayerischen Staatsministerium für Wissenschaft und Kunst und zogen nach der Ansprache von Prior Prälat Dr. Menges zur Theatinerkirche. Das vom Münchener Erzbischof Friedrich Kardinal Wetter zelebrierte Pontifikalamt wurde von Chor und Orchester der Stadtpfarrkirche St. Anna mit der Großen Messe in C-Dur des bayerischen Hofkapellmeisters Joseph Rheinberger musikalisch umrahmt. Den Abschluss der Festtage bildete die anschließende Kapitelsitzung in der Akademie der Wissenschaften.[21]

Investitur der Deutschen Statthalterei 2004

Mit der Teilnehmerzahl von 930 Ordensmitgliedern und Angehöri-

[21] Menges Franz: Investitur in München 21. bis 23. Oktober 1988, in: Deus lo vult NF 42 <Januar 1989> 3-6. Die Predigt von Kardinal Hengsbach s. ebd. 7f.

gen stellten die Festtage vom 15. bis 17. Oktober 2004 in der Reihe der bisherigen Münchener Investituren einen Rekord dar. Zur Feststimmung trug die Anwesenheit des Lateinischen Patriarchen von Jerusalem, Seiner Seligkeit Michel Sabbah, bei. Die Komturei hatte unter ihrem Ltd. Komtur Dr. Jobst-Barnim von Beckedorf und dem Präsidenten der Bayerischen Ordensprovinz Ltd. Ministerialrat a. D. Peter Neukam bereits im Vorlauf das Motto *Jerusalem braucht Freunde* als Losung ausgegeben und mit einer Ausstellung zur Ordensgeschichte in der Hypo-Vereinsbank sowie Pressemitteilungen das öffentliche Interesse geweckt. Wie schon traditionell begannen die Feiern am Freitagabend mit einer marianischen Vigil in St. Peter. Die von S.E. Leo Kardinal Scheffczyk geleitete Liturgie wurde musikalisch gestaltet von der Schola der Stadtpfarrkirche St. Maximilian unter ihrem Leiter Gerald Häußler und Hans Stockmeier vom Richard-Strauß-Konservatorium an der Orgel. In seiner Predigt zeigte Kardinal Scheffczyk an der Rolle Mariens bei der Hochzeit zu Kana (Joh 2,1-5) die Bedeutung der Mutter des Herrn als Mutter der Menschen auf. Beim anschließenden Begrüßungsabend im Festsaal des Hofbräuhauses hieß der Ltd. Komtur Ordensmitglieder und Gäste, allen voran Patriarch Sabbah, Kardinal Scheffczyk, Generalgouverneur Dr. Pier Luigi Parola aus Rom und Statthalter Prof. Dr. Paul Th. Oldenkott, herzlich willkommen. Beim zünftigen Abendessen sorgte die Ascholdinger Blaskapelle unter Toni Kleiber mit bayerischen Weisen für Stimmung. Die Kandidatinnen und Kandidaten wurden um 22.00 Uhr in der Stadtpfarrkirche Heilig Geist auf ihre Investitur geistlich eingestimmt.[22]

Am Samstagmorgen fand um 10.00 Uhr im Großen Saal der Bayeri-

[22] KOPP Matthias: Patrona Bavariae in Blau-Weiß – Herbstinvestitur München, in: Deus lo vult aktuell 2 <2004> 3-5. Predigt von Leo Kardinal Scheffczyk: Mutter des Herrn und Mutter der Menschen s. ebd. 8f. Zur Einstimmung der Kandidaten s. KITTA Dominik: Von der Stille im leeren Grab, in: ebd. 9f.

schen Akademie der Wissenschaften unter Leitung von Statthalter Prof. Dr. Oldenkott in Anwesenheit von Patriarch Sabbah das Festkapitel statt. Dabei hielt der Patriarch einen viel beachteten Vortrag über die derzeitige Situation der Christen im Heiligen Land. Er sprach von der ersten und grundlegenden Tatsache des permanenten Konfliktes zwischen Israelis und Palästinensern, von der fehlenden staatlichen Ordnungsgewalt in Palästina, vom Verhältnis zwischen Christen und Muslimen. Er schloss seine Ausführungen: *In dem Konflikt und in einer Situation der Ungerechtigkeit, die das Land Jesu beherrschen, beten und wirken Sie für die Versöhnung zwischen beiden Völkern. Die menschliche Person wird getötet, wenn ein Israeli oder ein Palästinenser getötet wird. Das menschliche Gewissen wird getötet, wenn, ganz gleich wer, von beiden getötet wird. Daher kann kein Töten gerechtfertigt werden... Menschliche Gesellschaften, zumal im Land der Erlösung, müssen die Wege Gottes finden, die Wege des Friedens sind...*[23]

Ein Rahmenprogramm für Angehörigen und Gäste bot am Samstagvormittag für Jugendliche einen Besuch des Bavaria-Filmgeländes, für die übrigen eine Führung durch die Residenz an. Gegen Mittag hatte die Bayerische Staatsregierung zu einem Empfang in den Kaisersaal der Residenz geladen. An ihm nahm neben den schon erwähnten Persönlichkeiten auch der Münchener Erzbischof Friedrich Kardinal Wetter teil. Ministerpräsident Edmund Stoiber, der Patriarch Sabbah tags zuvor in seinem Amtssitz empfangen hatte, ließ sich hier wegen dringender Verpflichtungen durch Staatsministerin Christa Stewens vertreten. Sie versicherte dem Patriarchen, dass die ganze Bayerische Staatsregierung seine Anwesenheit in München als eine große Ehre ansehe, und dann wörtlich: *Die Bilder der zahllosen Opfer bei Anschlägen sind für jeden äußerst*

[23] SABBAH Michel: Die Situation der Christen im Heiligen Lande heute, in: Deus lo vult aktuell 2 <2004> 16-18.

schmerzlich. „Jerusalem braucht Freunde“ – um es mit dem Motto der heutigen Investiturfeier Ihres Ordens zu sagen – und: Jerusalem hat viele Freunde in München. Den Höhepunkt erreichten die Festtage am Samstagnachmittag. Nachdem Prior Prälat Dr. Hans Jürgen Brandt in einer Statio die Ordensmitglieder eingestimmt hatte, zog die Prozession der Ordensdamen und Rittern, angeführt von berittener Polizei, unter dem Geläut aller Kirchen Münchens zur Jesuitenkirche St. Michael. Hier begann um 15.15 Uhr das festliche Pontifikalamt, das Patriarch Sabbah in Konzelebration mit dem deutschen Großprior Bischof Dr. Anton Schlembach von Speyer, dem Passauer Bischof Wilhelm Schraml und weiteren Priestern des Ordens feierte. Die musikalische Gestaltung mit Aufführung der Missa brevis in D-Dur von Franz-Xaver Brixi lag in Händen von Timo W. Ziesche. Nach der von Großprior Dr. Schlembach gehaltenen Predigt nahm der Patriarch 33 Kandidatinnen und Kandidaten in den Orden auf. Sie wurden angeführt von S.E. Bischof Schraml von Passau und S.K.H. Franz Herzog von Bayern. Außer dem bayerischen Herzog gehörten zur Patrona Bavariae Reinhard Krauel, Christian Kreuser, Dr. med. Reinhold Andreas Lang, Andreas Neukam, Josef Paul, Dr. med Christian Russ und Barbara Caterine Frua. Bei einem festlichen Abendessen im Festsaal des Löwenbräukellers stattete Cfr. Reinhard Krauel den Dank der Neuinvestierten ab. Am Sonntagmorgen sammelten sich die Ordensmitglieder zur Statio in der Jesuitenresidenz an St. Michael. Nach einem geistlichen Wort von Cfr. Prof. Dr. Luwig Mödl zogen sie zum Liebfrauendom, in dem um 10.00 Uhr Friedrich Kardinal Wetter das Pontifikalamt zelebrierte und die Predigt hielt. Unter Leitung von Domkapellmeister Karl-Ludwig Nies führten Domchor, Junge Domkantorei und Domorchester die Theresienmesse von Joseph Haydn auf. Nach dem Schlusslied *Erde singe, dass es klinge* war zum Weißwurstessen im Ratskeller am Marienplatz eingeladen. Als Andenken an die festlichen Tage hatte die Komturei vom bayerischen Bildhauer Joseph Michael Neustifter ein künstlerisch anspruchsvolles Medaillon in Goldbronze anfertigen lassen. Der Erlös des in einer Geschenkschatulle mit einem Meditationstext von Prior Prälat Dr. Brandt angebotenen Präsents kam dem Heiligen Land zugute.[24]

3.3 Jerusalemfahrt und Heilig-Land-Hilfe

Den bedrängten Christen in Jerusalem zu helfen, ist seit den Tagen der Apostel selbstverständlich[25]. Jerusalem ist der Ort, an dem der Erlöser durch sein Sterben am Kreuz und seine Auferweckung von den Toten Himmel und Erde versöhnte; hier gründete er durch die Sendung des Heiligen Geistes am Pfingsttag die Kirche. Das Heimweh nach Zion teilen die Christen mit ihren älteren Geschwistern, den Juden, mit denen sie im Psalm (137,1 u. 5f.) singen:

Wenn ich dich je vergesse, Jerusalem,
dann soll meine Rechte verdorren.
Die Zunge soll mir am Gaumen kleben,
wenn ich an dich nicht mehr denke,
wenn ich Jerusalem nicht zu meiner höchsten Freude erhebe.

[24] STEWENS Christa: Segensreiches Wirken der Grabesritter, in: Deus lo vult aktuell 2 <2004> 11f. Zur Statio am Samstag s. BRANDT Hans Jürgen: Steine können sprechen, in: ebd. 5f.; zur Statio am Sonntag s. MÖDL Ludwig: Religiöse Intensität und Gottsuche, in: ebd. 6. BRANDT/MÜLLER, Jerusalem braucht Freunde.

[25] Röm 15,25-28. Die Kollekte für Jerusalem, nach Gal 2,10 den *Säulenaposteln* versprochen, ist öfter erwähnt; vgl. Apg 24,17; 1 Kor 16,1-4 u. 2 Kor 8.

Heilig-Land-Fahrt 2008

Eine dreiunddreißigköpfige Pilgergruppe der Münchener Komturei Patrona Bavariae fuhr, angeführt von ihrem Ltd. Komtur Folker Müller, am 1. November 2008 für eine Woche ins Heilige Land. Die mit dem Bayerischen Pilgerbüro geplante Reise führte zunächst in das Pilgerhaus Tabgha am See Genezareth, dann für zwei Nächte nach Bethlehem und schließlich in das Paulushaus nach Jerusalem. Von diesen Stationen aus wurden bei spätsommerlichem Wetter nicht nur die wichtigsten Stätten des Neuen Testaments besucht. Im Programm standen auch Orte, die selbst denen neu waren, die zum wiederholten Mal das Heilige Land besuchten, sowie vom Ritterorden unterstützte Einrichtungen. Die derzeit relativ ruhige politische Lage hat dazu geführt, dass sich die Ein- und Ausreisekontrollen am Flughafen in Tel Aviv sowie der Übergang ins palästinensische Bethlehem deutlich verbessert haben. Augenfälliges Zeichen dafür ist der angeschwollene Pilger- und Touristenstrom. Er stört zwar manchmal die Würde der heiligen Orte, liefert aber den verbliebenen Christen die Existenzgrundlage.

Die im Reisegepäck mitgeführten Ordensmäntel fanden zweimal Verwendung. Das erste Mal trugen ihn die Ordensdamen und Ritter bei einem Empfang im Patriarchat. Bischof Kamal Batish skizzierte die Lage der Christen und dankte für die Anteilnahme. Er bat inständig, in Gebet, Pilgerschaft und materieller Unterstützung nicht nachzulassen. Sieben Ordensdamen und Ritter erhielten von ihm die Pilgermuschel.

Das zweite Mal legten die Pilger den Ordensmantel an, als sie offiziell die Grabeskirche besuchten. Der Empfang durch die Franziskaner gestaltete sich höchst eindrucksvoll. Die Komtureimitglieder hatten sich in Prozessionsordnung hinter ihrem Prior vor dem Salbungsstein aufgestellt. Nachdem sich der Prior mit dem gereichten

Abb. 25: Die Münchener Pilger vor ihrem Einzug in die Grabeskirche.

Weihwasserwedel bekreuzigt und alle Anwesenden gesegnet hatte, erfolgte unter Orgelbegleitung der feierliche Einzug. Vor dem Heiligen Grab begrüßte der Kustos des Heiligen Landes die bayerischen Pilger, bei der diese schmunzelten, weil er ihren Prior als Bischof von München ansprach. Dann wurde die lateinische Vesper gesungen, die Pilger aus aller Herren Länder andächtig mitfeierten.

In Bethlehem besuchten wir die vom Ritterorden unterstützte *Crèche*. In dem am Malteserhospital gelegenen Waisenhaus erhalten Findelkinder bis zu ihrem sechsten Lebensjahr Aufnahme. Derzeit beherbergt das Haus 130 Mädchen und Buben. Die Oberin, Schwester Sophie – in Person die Nächstenliebe selbst – erläuterte die Freuden und Sorgen des Hauses. Allein im letzten Monat lagen vier Neugeborene vor der Tür. Ein weiterer Besuch galt der ebenfalls vom Ritterorden unterstützten Augenklinik in Bethlehem. In ihr erhalten Bedürftige alle notwendigen Augenbehandlungen. Das Ärzteteam führt in den arabischen Schulen flächendeckend Reihenuntersuchungen zur Früherkennung von Augenerkrankungen durch. Selbst für Pilger, die nicht zum ersten Mal im Heiligen Land waren, gab es Neuentdeckungen: die 838 m hoch gelegene Stadt Safed mit ihrer Synagoge, ein Zentrum des orthodoxen Judentums; den Anblick einer der drei Jordanquellen in der Nähe des alten Caesarea Philippi; eine Fahrt über die Golanhöhen mit Blick über die UNO-Militärstation und die Grenze nach Syrien auf die Paulus-Basilika, die an das Damaskuserlebnis des Völkerapostels erinnert; den Besuch des Jerusalem-Museums mit einem Modell der Stadt kurz vor der Zerstörung durch die Römer und der ältesten Thora-Rolle aus dem 1. Jahrhundert vor Christus; schließlich das imposante Herodion, ein 811 m hoher Kegelberg mit den Ruinen der Festung des Herodes. Von ihm erschließen sich in einem Rundblick die Dimensionen des Landes – die Vororte Jerusalems, die Wüste, das Jordantal, die Hügelkette von Jordanien und ein Teil des Toten Meeres.

Abb. 26: Empfang der Münchener Pilger im Patriarchat.

Die geistliche Leitung lag in Händen von Prior Dr. Brandt. Gebete, Meditationen und Gottesdienste würdigten den je besonderen Charakter der heiligen Stätten – am See Genezareth, auf dem Berg Tabor, in der Krypta des hl. Hieronymus zu Bethlehem, in der Heimsuchungskirche zu Ain Karem. Den Höhepunkt bildete die Feier der Eucharistie auf Golgotha mit dem Provinzial der deutschen Passionisten, Pater Gregor Lenzen. Von der Mitpilgerin Frau Irmgard Heß wurde hier das *Vater unser* zunächst in Aramäisch gebetet, der Muttersprache Jesu. Um den kirchenmusikalischen Part machte sich Sr. Johanna Schulz verdient; unvergessen bleibt ihr in St. Anna gesungenes *Maria durch ein' Dornwald ging, Kyrie eleison.*

Am Freitagnachmittag zeigte sich die einzigartige religiöse Bedeutung Jerusalems: Muslime kehrten nach ihrem Freitagsgebet auf dem Tempelberg in die Stadt zurück, Franziskaner beteten mit Pilgern in der Via dolorosa den Kreuzweg, Juden zogen am Beginn des Sabbats zur Klagemauer. Reich beschenkt kehrten wir am Samstag nach München zurück – *wenn ich dein vergäße Jerusalem!*[26]

[26] Für den Pilgerbericht sei Cfr. Dr. Karl Lubitz herzlich gedankt.

Abb. 27: Großprior Erzbischof Dr. Reinhard Marx.

4 Die Mitglieder der Komturei Patrona Bavariae[1]

4.1 Die Leitenden Komture

Ministerialrat a. D. Dr. Karl Kreuser (1960-1968)

∗ 11.07.1901 Mechernich/Eifel
☩ 30.04.1957 München
† 20.09.1982 München

Der Direktor der Dresdner Bank in München, Ministerialrat a. D. Dr. rer. pol. Karl Kreuser, verdient als Gründerkomtur von der Patrona Bavariae in hohen Ehren gehalten zu werden. Ehrengroßprior Kardinal Wendel hatte ihn anlässlich der Errichtung der Bayerischen Ordensprovinz 1957 in der Münchener Theatinerkirche zum Ritter geschlagen und Großprior Erzbischof Jaeger ihm in Vertretung des erkrankten Statthalters den Ordensmantel angelegt. Mit Seiner Königlichen Hoheit Albrecht Herzog von Bayern als Präsident, Domkapitular Prälat Dr. Georg Meixner als Provinzprior und Universitätsprofessor Dr. Götz Reichsfreiherr von Pölnitz als Weltlicher Zeremoniar gehörte Dr. Kreuser als Schatzmeister zum neu errichteten Provinzrat. Die erste Sitzung des Gremiums fand unter Vorsitz von Präsident Herzog Albrecht 1958 in Anwesenheit von Kardinal Wendel im Erzbischöflichen Palais statt. Die Beförderung Kreusers zum Komtur erfolgte mit Blick auf die in Planung befindliche Münchener Patrona Bavariae als bayerischer Mutterkomturei am 22. Oktober 1959. Großprior Jaeger, der Kreuser sehr schätzte,

[1]Die Angaben zur Person sind dem Mitgliederverzeichnis, gedruckten Würdigungen, Nachrufen, Todesanzeigen oder Sterbebildchen entnommen. Wurden persönliche Angaben eingeholt, ist dieses vermerkt.

hatte die Promotion bei der Ordensleitung nachdrücklich erbeten. Im Gästebuch der am 6. Februar 1960 errichteten Komturei steht Kreusers Namenszug als des ersten Ltd. Komturs der Patrona Bavariae unter dem der Gäste des Ehrentisches um Kardinal Wendel, den Bamberger Erzbischof Joseph Schneider und Statthalter von der Heydte. Eine besondere Herausforderung stellte wegen der Spannungen zwischen der Deutschen Statthalterei und der römischen Ordensleitung die Investitur am 1. Mai 1965 durch Kardinal Döpfner in der Münchner Dreifaltigkeitskirche dar. Mit der Bestellung des Münchener Ordensmitgliedes Dr. Alois Hundhammer, die 1968 durch die römische Ordensleitung ohne Rücksprache mit der Deutschen Statthalterei erfolgte, endete Kreusers Amtszeit als Ltd. Komtur und Schatzmeister der Bayerischen Ordensprovinz. Dies deutet auf erhebliche sachliche und persönliche Auseinandersetzungen im Orden hin. In den Nachrufen auf verstorbene Ordensmitglieder dieser Zeit heißt es fast gleichlautend, man wolle nicht an offene Wunden rühren. Am 10. Oktober 1982 feierte die Komturei ihrem Gründerkomtur Karl Kreuser in der Kapelle des Hotels Deutscher Kaiser das Requiem. Selbst beruflich im Ausland verpflichtete Ordensmitglieder wie Musikdirektor Eugen Jochum und Gattin hatten sich dazu eingefunden. Zuletzt hatte Karl Kreuser mit seiner Gattin Anneliese nach Ausweis des Gästebuches der Messe und Komtureiversammlung am 19. Mai des Jahres beigewohnt. Wenn es Wunden gab, so trug er sie, weil er die Ideale des Ordens über seine Person stellte.[2]

Karl Kreuser war 1901 als drittes Kind der Eheleute Emil und Elisabeth Kreuser geboren. Schon kurz nach seiner Geburt starb die Mutter. Ihr früher Tod ließ eine besondere Bindung zur acht Jahre älteren Schwester Julie wachsen, die bis zu seinem Tod anhielt.

[2]EAM Nachlass Kardinal Wendel Gr/1958 (Protokoll der Sitzung des Provinzrates am 25.06.1958 im Erzbischöflichen Palais).

Sein Geburtstag war das Fest des hl. Benedikt. Dies wurde ihm besonders bewusst, als er 1912 in die Klosterschule Ettal kam. Das Reifezeugnis erhielt er dort 1918. Zeit seines Lebens blieb er ein besonderer Freund der benediktinischen Frömmigkeit. Bald nach dem Abitur begann er in München das Studium der Volkswirtschaft, das er mit der Promotion zum Dr. rer. pol. abschloss. Während des Studiums hatte er den aus seiner Heimat stammenden Universitätsprofessor Dr. Adolf Weber kennengelernt und sich in dessen Töchterchen Anneliese verliebt, die er 1925 heiratete. Aus dieser großen Liebe erwuchs eine Großfamilie von 8 Kindern, 7 Schwiegerkindern, 25 Enkelkindern und 3 Urenkeln. Ihnen allen war er ein manchmal strenger, aber immer liebender und treusorgender Vater und Großvater. Beispielhaft war sein gelebter Glaube. Wer erlebte, wie er – gerade auch in widrigen Zeiten – Zeugnis ablegte für diesen Glauben durch seine Teilnahme an der Fronleichnamsprozession, durch sein Zusammenwirken mit den von den Nationalsozilisten dann hingerichteten Glaubenszeugen Pater Alfred Delp SJ und Kaplan Hermann-Josef Wehrle sowie den Pfarrern von St. Georg und Heilig Blut in München, spürte, wie sein Vorbild erzieht. Dieses Vorbild war er auch in seiner beruflichen Tätigkeit als Direktor der Dresdner Bank für seine Mitarbeiter und Untergebenen. Während der Nazizeit musste er viel Zurückstellung hinnehmen, da er in offenem Widerstreit zu den Machthabern stand. Nach dem Krieg war er einige Jahre als Ministerialrat im Bayerischen Finanzministerium tätig, kehrte dann aber wieder in seine Bank zurück, deren Münchener Niederlassung er bis zu seiner Pensionierung leitete.

Danach lebte er nur noch für seine große Familie. Er kannte keinen Urlaub ohne seine Gattin und eines seiner Kinder oder Enkelkinder. Jährlich veranstaltete er Familientreffen im Sommer und zu Weihnachten. Durch einen unglücklichen Sturz brach er sich den Oberschenkelknochen. Sohn Hermann-Josef, Mitglied des Ritterordens, durfte ihm vor der Operation die Kommunion reichen, sein Ältester, Karl-Adolf, ihm vor dem Tod die Krankenölung spenden. Die lange Operation hatte seine Kräfte aufgezehrt. Karl Kreuser wurde auf dem Friedhof an St. Georg in München-Bogenhausen zur letzten Ruhe gebettet.[3] Sohn Karl-Adolf war übrigens von Pater Alfred Delp SJ im Haus Kreuser für den Jesuitenorden gewonnen worden. Pater Adolf Kreuser SJ (1927-2008) machte sich 32 Jahre lang als Ökonom um die Oberdeutsche Jesuitenprovinz und die Südpolnische Provinz der Jesuiten hoch verdient.[4]

Peter-Carl Freiherr von Aretin (1968-1986)

∗ 25.06.1923 Münchsdorf/Niederbayern
☩ 01.05.1965 München
† 09.12.2002 Gauting

In der Münchener Komturei und der Bayerischen Ordensprovinz hinterließ der Nachfolger Kreusers, Peter-Carl Freiherr von Aretin deutliche Spuren. Seit 1946 bereits Malteserritter, hatte ihn Ehrengroßprior Kardinal Döpfner 1965 in der Münchener Dreifaltigkeitskirche zum Ritter vom Heiligen Grab geschlagen. Statthalter Dr. Hundhammer bestellte ihn 1968 zum Ltd. Komtur der noch im Aufbau befindlichen Patrona Bavariae, die Aretin mit Organisationstalent und Augenmaß zu einer lebendigen Gemeinschaft formte. Am 6. Oktober 1986 erhielt er das Amt des Präsidenten der Bayerischen Ordensprovinz übertragen, das er mit großem Engagement bis zum 11. Oktober 1998 wahrnahm. Der Kardinalgroßmeister ver-

[3] EBAP Nachlass Kardinal Jaeger 9a/5 u. ö. Der Text orientiert sich am Totenbildchen Karl Kreusers (ohne Erwähnung seiner Mitgliedschaft im Ritterorden und entsprechender Verdienste). Deus lo vult NF 30 <Januar 1983> 20 (Todesanzeige); MV <2008> 286 (anstatt † 29.09.1982 muss es richtig † 20.09.1982 heißen).

[4] Jesuiten 59 <2008> Heft 3, S. 28. Freundliche Mitteilung von Cfr. Rudolph Hundhammer.

Abb. 28: Ltd. Komtur Dr. Karl Kreuser (ganz links) in der Fronleichnamsprozession 1961.

Abb. 29: Ltd. Komtur Peter-Carl Freiherr von Aretin.

lieh ihm für herausragende Verdienste das Großkreuz des Ordens. Insgesamt sechsmal pilgerte er zwischen 1968 und 1994 ins Heilige Land.

Peter-Carl Freiherr von Aretin wurde 1923 als Sohn des Carl Freiherr von Aretin und dessen Ehefrau Elisabeth Freifrau von Gebsattel geboren. Nach Privatunterricht wechselte er 1935 an das Gymnasium Julianum in Würzburg und im folgenden Jahr an das Klostergymnasium in Ettal, wo er 1941 das Reifezeugnis erhielt. Unmittelbar danach erhielt er den Gestellungsbefehl zur Wehrmacht, in der er als Funker in Italien, Russland und Jugoslawien eingesetzt war. Nach Heimkehr aus der Kriegsgefangenschaft begann er in Freising das Studium der Agrarwissenschaft, das er als Diplom-Landwirt abschloss. Sein Berufsweg führte ihn mit Wohnsitz zunächst in Starnberg, seit 1956 in Gauting, als Leiter des Landwirtschaftsamtes nach Ingolstadt, Starnberg und Fürstenfeldbruck. Aretins 1954 mit Walburga Freiin von und zu Franckenstein geschlossene Ehe wurde mit drei Kindern gesegnet. Mit beachtlichem ehrenamtlichen Einsatz betätigte sich Aretin in Pfarrgemeinde, Kommune und Kreis. Er arbeitete zwei Jahrzehnte lang im Pfarrgemeinderat von St. Benedikt in Gauting mit und gehörte je 24 Jahre dem Gemeinderat Gauting und dem Kreistag Starnberg an.

Als Peter-Carl Freiherr von Aretin 1987 in den beruflichen Ruhestand verabschiedet war, verfasste er eine Autobiographie. Im Kapitel *Der Grabesritter-Orden* schildert er anschaulich, für die Geschichte der Komturei höchst aufschlussreich, seinen Weg in den Orden, wie er diesen erlebte und mitgestaltete:

Auf der nächtlichen Heimfahrt vom Konzil hat Götz Pölnitz im Zug mir lange über den Ritterorden vom Hl. Grab zu Jerusalem erzählt und mich zum Eintritt aufgefordert. Nach einem mit bürokratischem Urkundenbeschaffen ausgefüllten Winter wurde ich am 1. Mai 1965 in der Dreifaltigkeitskirche von Cardinal Döpfner und Einer [d. h. Friedrich August Freiherr von der] Heydte als Statthalter in den Orden investiert. Außer einem schönen roten Orden und einem weißen Mantel und der Bekanntschaft neuer Leute erfuhr ich nicht sehr viel. Zumindest nicht, dass die Investiturfeier eine Protestveranstaltung gegen irgendwelche Unzulänglichkeiten bei der Ordensregierung in Rom war. Auch in den nächsten Zusammenkünften hörte ich eigentlich immer nur Andeutungen, dass irgendetwas nicht stimmt... Im Sommer 1968 war in München eine Rieseninvestitur, bei der auch wieder in der Hauptsache von irgendwelchen Unstimmigkeiten der Ordensregierung die Rede war... Im Herbst 1968 rief mich mein zuständiger Minister Alois Hundhammer an und bestellte mich zu sich... Der Grund war aber nicht mein Beruf, sondern einfach der, dass er mich zum leitenden Komtur der Komturei München machte. Damit sollte ich etwa 30 Ritter irgendwie führen. Gott sei Dank gehört es nicht zu den primären Aufgaben eines leitenden Komturs, für Geld sorgen zu müssen. Ich hatte aber keine Ahnung, was ich eigentlich tun sollte. Gott sei Dank gab es einen lieben Monsignore Hubert Poehlein, der sehr im Orden engagiert war, der mir Anregungen und auch sonst sehr viel Hilfe gab. Auf seine Anregung hin machte ich alle Monate einen Komtureiabend mit hl. Messe und anschließendem Vortrag. Auch das Hotel dafür, den Deutschen Kaiser, machte er ausfindig... Nachdem es gelungen war, das Besitzer-Ehepaar [Dr. Benno Poehlmann und Frau] auch für den Orden zu interessieren, waren wir dort sehr gut und zu angenehmen Sonderpreisen aufgehoben. Ich habe die Komturei 18 Jahre lang geführt. In dieser Zeit habe ich etwa 200 Abende veranstaltet, was sehr zum Zusammenhalt der Mitglieder beigetragen hat... Wo anders waren regelmäßige Zusammenkünfte zunächst nicht die Regel, sie wurden aber eingeführt, nachdem sich das Münchner Beispiel herumgesprochen hatte.

Im Sommer 1986 starb der Präsident der Bayerischen Ordensprovinz, Staatssekretär Hugo Fink. Nachdem er mich schon vor etlichen Jahren zu seinem Vertreter gemacht hatte, habe ich einige bürokratische Sachen, z. B. die Weiterleitung von Aufnahmeanträgen, erledigt. Es wurde mir aber auch klar, dass ich im Kreis der möglichen Nachfolger bin. Aber erst, als mich Statthalter Binkouski nach Augsburg bestellte und dort interviewte, wurde mir bewusst, dass ich sehr aussichtsreich sei... Im Oktober 1986 wurde ich dann zum Präsidenten ernannt... Über die jährlichen Einkehrtage versuche ich, auch die Provinz, die immerhin fast 250 Mitglieder hat, zusammen zu bringen...[5]

Peter-Carl Freiherr von Aretin starb 2002 in Gauting und wurde im Aretinschen Erbbegräbnis in Münchsdorf beigesetzt. Die Münchener Komturei feierte das anschließend für den Verstorbenen in St. Benedikt Gauting zelebrierte Requiem mit.[6]

Ltd. Ministerialrat Peter Neukam (1986-1999)

∗ 12.01.1939 Nürnberg

✠ 08.05.1976 Trier

Statthalter Prof. Dr. Johannes Binkowski betraute den Ltd. Ministerialrat im Bayerischen Kultusministerium Peter Neukam im Oktober 1986 mit dem Amt des Ltd. Komturs der Patrona Bavariae in der Nachfolge Aretins. Als Oberstudienrat Neukam vom Nürnberger Melanchthon-Gymnasium am 8. Mai 1976 durch Großprior Bischof Dr. Franz Hengsbach u. a. mit den Münchenern Hermann Josef Kreuser, Prof. Dr. Joseph Schütz, Fritz Ustrich und Dr. med.

[5] Die maschinenschriftlich abgefasste Autobiographie befindet sich im Besitz von Komturdame Walburga Freifrau von Aretin, der für die Einsicht und Druckerlaubnis freundlich gedankt sei.

[6] Quelle: Angaben von Komturdame Walburga Freifrau von Aretin.

Hans Weigand in Trier investiert wurde, gehörte er der Nürnberger Komturei Caritas Pirckheimer an. Mit der Verlagerung seines beruflichen Schwerpunkts nach München und Umzugs nach Germering wurde er 1982 Vollmitglied der Patrona Bavariae. Das Amt ihres Leitenden Komturs nahm Ministerialrat Neukam mit großer Gewissenhaftigkeit, Umsicht und Diplomatie bis 1999 – mehr als zwölf Jahre lang – wahr. Höhepunkt seiner Amtszeit war die von der Patrona Bavariae unter seiner Leitung ausgerichtete Investitur der Deutschen Statthalterei 1988 in München, bei der Großprior Hengsbach zum ersten Mal in seiner neuen Würde als Kardinal der Römischen Kirche den Ritterschlag erteilte. Als Nachfolger Aretins leitete Neukam von 1999 bis 2006 als Präsident die Bayerische Ordensprovinz. Auf seine Initiative geht der 1998 erstmals, dann jährlich abgehaltene Provinztag zurück. Der Kardinalgroßmeister in Rom ehrte ihn für hervorragende Verdienste mit der Silbernen Palme von Jerusalem und dem Großkreuz des Ordens.

Dem angedeuteten Ordensporträt korrespondiert ein beruflicher sowie familiärer Werdegang. Peter Konrad erblickte als erstes Kind des Staatsanwalts Dr. Friedrich Neukam und dessen Ehefrau Luise geb. Salzberger am 12. Januar 1939 in Nürnberg das Licht der Welt. Bei der Taufe seines im November 1944 geborenen jüngeren Bruders Friedrich sah er den Vater zum letzten Mal, bevor dieser wenig später als an der Front vermisst gemeldet wurde. Nach dem Besuch der Volksschule in Regen und Rückkehr nach Nürnberg ermöglichte ihm die Mutter unter schwierigsten Verhältnissen auf Zureden des Kaplans Paul Kupfer 1949 den Eintritt in das Humanistische Melanchthon-Gymnasium, an dem er 1958 mit Vorliebe für Latein und Griechisch das Reifezeugnis erwarb. Das anschließende Studium der Klassischen Philologie und der Geschichte an der Friedrich-Alexander-Universität Erlangen beschloss er 1963 mit dem Staatsexamen. Sein Referendariat absolvierte er an dem ihm vertrauten

Melanchthon-Gymnasium seiner Vaterstadt, dem er die Treue als Studienassessor, Studienrat, Oberstudienrat, Gymnasialprofessor, Seminarlehrer der Studienreferendare im Fach Geschichte und Studiendirektor hielt. Im Juli 1972 erfolgte seine Abordnung als Mitarbeiter des Referats für Alte Sprachen, insbesondere altsprachliche Gymnasien, die Stiftung Maximilianeum und Hochbegabtenförderung an das Bayerische Kultusministerium unter Kultusminister Dr. Hans Maier. Hier stieg er in rascher Folge zum Regierungsdirektor, Referatsleiter und Ltd. Ministerialrat auf. Seine Verabschiedung in den Ruhestand erfolgte im Jahre 2004.

Nach seiner kirchlichen Prägung befragt, erzählt Peter Neukaum begeistert von seiner Jugend in Nürnberg. Der von Jesuiten geleiteten Marianischen Kongregation Studierender Jugend *Patrona Bavariae* trat er 1951 bei und legte 1956 das Sodalenversprechen auf Lebenszeit ab. In seiner Heimatpfarrei St. Martin versah er regelmäßig den Dienst des Lektors, der in der damals lateinisch gefeierten Liturgie vor allem Lesung und Evangelium in der Muttersprache vom Altar aus vortrug; als Oberministrant hatte er dafür zu sorgen, dass nicht nur pünktlich der Ministrantenplan aushing und eingehalten wurde, sondern vor Hochfesten die liturgischen Dienste der Ministranten exakt eingeübt wurden. In der von Jesuiten geleiteten katholischen Jugendarbeit lernte er Erika Denzinger kennen, die Sodalin der Marianischen Kongregation Studierender Jugend *Regina Pacis* war. Der kirchlichen Trauung beider assistierte 1963 Pater Cyrill Mehler SJ. Zwei Jahre später wurde ihr Stammhalter Michael, 1967 Sohn Andreas geboren. Wie von 1970 bis 1972 als Vorsitzender des Pfarrgemeinderats von St. Martin in Nürnberg, so arbeitete Peter Neukam von 1973 bis 1978 im Pfarrgemeinderat von St. Matthäus am Feldmochinger Anger in München und von 1978 an in dem von St. Cäcilia zu Germering verantwortlich mit. Das Heilige Land hat Peter Neukam erstmals im Oktober 1959 als technischer Reiseleiter einer bayerischen Pilgergruppe unter der geistlichen Führung von Monsignore Josef Schneider besucht. Als Ordensmitglied ist er dann Ostern 1994, Pfingsten 1999, im Oktober 2005 und im Oktober 2008 in Richtung Jerusalem aufgebrochen. Die Neukams sind Ordensfamilie im wahrsten Sinne des Wortes. Denn wie Peter Neukam, so gehören auch seine Gattin Erika als Dame und Sohn Andreas als Ritter dem Orden an. Über seinen Sohn Michael und dessen Ehefrau Susanne reicht der Stammbaum der Neukams durch Adoption eines Waisenkindes sogar leibhaftig ins Heilige Land. Der kleine Lukas Neukam aus Bethlehem ist der ganze Stolz seiner Eltern, seiner Großeltern und seines Onkels in Germering. Ad multos annos![7]

Dr. Jobst-Barnim von Beckedorff (1999-2006)

* 31.08.1939 Grünhoff Kr. Regenwalde i. Pommern

☩ 21.10.1995 Bamberg

Die Nachfolge Peter Neukams in der Patrona Bavariae trat Anfang 1999 Dr. Jobst-Barnim von Beckedorff an. Konfrater Ferdinand Walter hatte den Stellvertretenden Generaldirektor des Wittelsbacher Ausgleichsfonds für den Orden gewonnen und dieser seit 1992 an den Veranstaltungen der Komturei teilgenommen. Dem Ritterorden gehört er seit 1995 an. Den Höhepunkt seiner Amtszeit bildete die von der Patrona Bavariae am 16. Oktober 2004 in München ausgerichtete Investitur der Deutschen Statthalterei. Unter den 33 Kandidatinnen und Kandidaten, die vom Lateinischen Patriarchen von Jerusalem, Michel Sabah, und dem deutschen Großprior, Bischof Dr. Anton Schlembach von Speyer, in der Michaelskirche den Ritterschlag erhielten, befanden sich – angeführt von S.K.H. Franz Herzog von Bayern – sechs aus der Münchener Komturei. Die beachtliche Zahl deutet Beckedorffs Bemühen an, die Patrona Bavariae zu verjüngen. Nachdem Prälat Dr. Hieronymus Menges nach

[7] Quellen: Persönliche Angaben von Ltd. Ministerialrat a. D. Peter Neukam.

Abb. 30: Ltd. Komtur Peter Neukam.

Abb. 31: Ltd. Komtur Dr. Jobst-Barnim von Beckedorff.

Bremen gezogen war, erbat er von der Ordensleitung als Prior und Stellvertreter den Theologieprofessor der Universität der Bundeswehr München, Prälat Dr. Hans Jürgen Brandt. Seinen wachen Blick für potentielle Führungskräfte stellte er mit der Förderung des Hoteldirektors Folker Müller unter Beweis, so dass seine Nachfolge gesichert war. Auf seine Initiative hin hielt die Komturei im Heiligen Jahr 2000 am Vorabend des Festes der Darstellung des Herrn erstmals eine Friedensvesper. An dem seitdem zum Jahresprogramm der Patrona Bavariae gehörenden Gottesdienst sind die Mitglieder des Malteser- und Johanniterordens, des Deutschen Ordens und des St. Georgii-Ritterordens eingeladen. Auf Beckedorffs Anregung geht ebenso die zentrale Rüstzeit der Kandidaten vor Aufnahme in den Orden im Raum der Deutschen Statthalterei zurück. Die zwischenzeitlich revidierten Ordensstatuten begrenzten die Amtszeit der Leitenden Komture auf acht Jahre, die Beckedorff Ende 2006 erreichte. Nicht wenige aus der Ordenprovinz hätten den scheidenden Leitenden Komtur der Patrona Bavariae gern als Präsidenten der Bayerischen Ordensprovinz gesehen, doch ließ sich dieser dazu nicht bewegen.[8]

Aus bayerischem Blickwinkel kommt Jobst-Barnim von Beckedorff zwar von weit her, aber nicht als Fremder. Das lässt auf einen bewegten Lebenslauf schließen. Seine Wiege stand auf Rittergut Grünhoff, Kreis Regenwalde, in Pommern, heute Polen. Das Anwesen hatte ein Urahn, Ludolf von Beckedorff (1778-1858) aus Hannover gekauft, kurz bevor er 1827 bei Bischof Johann Michael von Sailer in Regensburg vom evangelischen zum katholischen Bekenntnis konvertiert war. Er hatte deshalb den preußischen Staatsdienst quittieren müssen. Vom preußischen König Friedrich Wilhelm IV. rehabilitiert und 1840 in den Adelsstand erhoben, baute Ludolf von

[8] MV <2005> 313 (Bamberger Investitur); vgl. MV <2008> 232f. (ohne Erwähnung Beckedorffs).

Beckedorff sein Rittergut Grünhoff mit Kirche, Schule und einem von Vinzentinerinnen betreuten Waisenhaus zu einem katholischen Zentrum in der pommerschen Diaspora aus. Als zuständiger Ordinarius unterstützte ihn darin der Breslauer Fürstbischof Melchior Kardinal von Diepenbrock. Beckedorff kannte den Kardinal seit seiner Konversion in Regensburg, als dieser noch Sekretär des Bischofs Sailer gewesen war.[9]

Jobst-Barnim von Beckedorff erblickte 1939 als zweitjüngstes von sechs Kindern des Rittergutsbesitzers Clemens von Beckedorff und dessen Ehefrau Jutta geb. Woldeck von Arneburg auf Gut Grünhoff das Licht der Welt. Seine Taufe erfolgte während eines Fronturlaubs des Vaters am 2. Oktober. Als sich das Ende des Krieges mit dem Schicksal des deutschen Ostens abzeichnete, flüchtete Frau von Beckedorff mit den Kindern am 9. Februar 1945. Nach Zwischenstation in Mecklenburg erlebten sie in Neukirchen/Oberpfalz das Ende des Krieges. Ihr Gatte, Clemens von Beckedorff, starb am 1. Mai vor dem Gutshaus von Spotendorf in Mecklenburg eines gewaltsamen Todes. Eine geplante Auswanderung nach Schweden zerschlug sich.

Der Schul- und Bildungsweg Beckedorffs begann 1945/46 in der einklassigen Volksschule zu Etzelwang und endete an der renommierten Hochschule für Welthandel in Wien, die ihn 1970 als Doktor der Handelswissenschaften und Diplomkaufmann entließ. Zwischensta-

[9] ROSENTHAL David August: Covertitenbilder aus dem neunzehnten Jahrhundert, Bd. I <Schaffhausen 1865> 368-377. Grünhof, Gutsbezirk, Preußen/Pommern, Kreis, Amtsgericht, Post und Eisenbahnstation Regenwalde, Landratsamt Labes, s. PETZOLD E. H.: Gemeinde- und Ortslexikon des Deutschen Reichs. Verzeichnis sämtlicher Gemeinden und Gutsbezirk, Bd. I <Bischofswerda 1901> 329. STASIEWSKI Bernhard: Diepenbrock, Melchior Freiherr von, in: GATZ, Die Bischöfe 1785/1803 bis 1945, S. 126-130. BRANDT/HÄGER: Biographisches Lexikon der Katholischen Militärseelsorge Deutschlands 143-145. Persönliche Angaben von Cfr. Dr. Jobst-Barnim von Beckedorff.

tionen waren die Volksschule in Neukirchen sowie die Humanistischen Gymnasien in Amberg, Pasing und Eichstätt, wo er 1959 das Abiturszeugnis erwarb. Das im Wintersemester 1959/60 an der Münchener Universität begonnene Studium der Jurisprudenz und Volkswirtschaft beendete abrupt die Einberufung zur Bundeswehr am 1. April 1960, in der er als Leutnant in der Flugkompanie des Fluggeschwaders 60 in Neubiberg den verlängerten Wehrdienst ableistete. Anschließend erfolgte das Studium mit dem Doktorat in Wien. Die 1972 geschlossene Ehe mit Christa Edle von Scheibler wurde mit drei Kindern und einem Enkelkind gesegnet. Seinen Berufsweg begann Dr. von Beckedorff bei der Treuhandgesellschaft RTG in München, seine Lebensstellung fand er 1977 als Stellvertretender Generaldirektor des Wittelsbacher-Ausgleichs-Fonds (WAF) in München. Nach seinem 2004 erfolgten altersbedingten Abschied betätigt er sich als Wirtschaftsprüfer und Steuerberater.

Direktor Folker Müller (seit 2007)

∗ 24.01.1959 Werdohl/Sauerland

✠ 07.10.2000 Ingolstadt/Eichstätt

Seit dem 1. Januar 2007 leitet der Direktor des Münchener Hotels Platzl, Folker Müller, die Komturei Patrona Bavariae. Er stammt wie Großprior Erzbischof Marx und Komtureiprior Prälat Brandt aus Westfalen. Folker Müller wurde 1959 als zweites von drei Kindern der Eheleute Dieter Müller und Liesel Müller geborene Echterhage in Werdohl, einer Stadt im Märkischen Kreis des Sauerlandes, geboren. Die Taufe empfing er in der evangelischen Christuskirche der Stadt, in der er als Dreizehnjähriger auch konfirmiert wurde. Als Konfirmationsspruch erhielt er den Vers aus dem Buch der Sprüche *Gib mir dein Herz, mein Sohn, und lass deine Augen an meinen Wegen Wohlgefallen finden* (Spr 23, 26). Nach Erlangen der Fachhochschulreife an den Kaufmännischen Schulen des

Märkischen Kreises in Altena begann er 1977 in Lüdenscheid die Ausbildung zum Hotelkaufmann. Er wählte einen vom Elternhaus vorgezeichneten Beruf. Denn sein Vater, gelernter Stukkateur, und seine Mutter, gelernte Kauffrau, hatten mit der Gründung einer Gastronomie, der Limonadenherstellung und eines Getränkegroßhandels für die fünfköpfige Familie eine solide Einkommensgrundlage geschaffen. Ein einschneidendes Erlebnis bedeutete für ihn der plötzliche Tod des Vaters am Tag vor seiner kaufmännischen Abschlussprüfung. Obgleich die Kinder der verwitweten Mutter nach Kräften zur Hand gingen, mussten alsbald die Betriebe aufgegeben werden.

Nach Beendigung seines Wehrdienstes bei einer Fernmeldeeinheit in Frankenberg a. d. Eder begann er seinen Berufsweg im Hotel Schwarzer Bock in Wiesbaden, dem ältesten Grandhotel Deutschlands. Anschließend qualifizierte er sich im Rheingau in der Gastronomie weiter und wechselte sodann wieder nach Wiesbaden zu Penta Hotels. Im Jahre 1984 wurde er nach München versetzt. Hier nahm er kurz darauf bei Hilton Hotels ein attraktives Angebot im Verkaufs- und Marketingbereich an, das einen Besuch der Hilton-Academy für Marketing in Basel ermöglichte. Es folgten der Wechsel als Verkaufsdirektor zu Renaissance Hotels mit der Aufgabe, am deutschen Markt ein neues Hotel zu etablieren, und 1992 die Ernennung zum Marketing-Regionaldirektor für Deutschland und Österreich mit Sitz in Frankfurt a. M. Im April 1993 wechselte er als Director of Sales & Marketing nach Los Angeles, USA. Nachdem er im Dezember 1994 auf seine Frankfurter Dienststelle als Marketing-Regionaldirektor – nun für Europa – zurückgekehrt war, erhielt er im Dezember 1996 in Stuttgart das Amt des Generalmanagers der Hotelkette Renaissance übertragen. Mit der Übernahme des renommierten Hotels Platzl im Herzen Münchens kam 1998

Abb. 32: Ltd. Komtur Folker Müller.

Abb. 33: Die Komturei in der Fronleichnamsprozession 2008.

Direktor Müller seiner Neigung nach, an der Isar Wurzeln zu schlagen. Er erhielt den Vorsitz im Prüfungsausschuss für Hotelkaufleute der IHK München/Oberbayern, gehörte von 2002 bis 2006 als Vorstandsmitglied der Hoteldirektorenvereinigung Deutschlands HDV an; er ist persönliches Mitglied des Bayerischen Hotel- und Gaststättenverbandes sowie des SKAL-Club-International München zur Förderung des Friedens durch Tourismus.

In seinem Konfirmationsspruch heißt es: *und lass deine Augen an meinen Wegen Wohlgefallen finden.* Auf die Frage, wie er zur Katholischen Kirche gefunden habe, antwortet Folker Müller ohne Zögern: *durch die Kirchenmusik!* Bei seinen Besuchen des Münchener Liebfrauendomes hätten ihn Orgel und Domchor fasziniert – und ihm die Feier der katholischen Liturgie erschlossen. Nachdem er bei den Jesuiten an St. Michael Glaubensunterricht genommen hatte, erhielt er 1992 im Provinzialat der Gesellschaft Jesu die Aufnahme in die Katholische Kirche und das Sakrament der Firmung gespendet. Wie im Berufsleben so ist Direktor Müller auch im kirchlichen Vereinsleben engagiert. Er gehört als Mitglied der Katholischen Deutschen Studenten-Vereinigung K.D.St.V. Tuiskonia im CV in München und der Katholischen Akademischen Vereinigung Capitolina im CV in Rom an. In seinen Stuttgarter Jahren trat er 1998 der dortigen Staufer-Gilde im Cartell Rupert Mayer bei, in dessen Münchener Cartell, der Gemeinschaft Rupert Mayer, er seit 2004 das Amt des Stellvertretenden Vorsitzenden wahrnimmt. Sein Interesse am Ritterorden weckte bereits in Stuttgart Konfrater Dr. Ruprecht Willeke. Mit seinem Wohnsitzwechsel nach München nahm ihn die Patrona Bavariae als Gast auf. Seine Investitur erfolgte im Jahr 2000, die Promotion zum Komtur fünf Jahre darauf. Achtmal hat er das Heilige Land besucht, das erste Mal 1984. Einen Höhepunkt seiner Jerusalemreisen bildete im Mai 2009 die Pilgerfahrt Papst Benedikts XVI. ins Heilige Land, zu der Großkreuzdame Christa von Siemens und Ltd. Komtur Müller als offizielle Gäste geladen waren. Außerordentliche Aufgaben seiner Amtszeit sind die Ausrichtung der Feier des goldenen Jubiläums der Patrona Bavariae 2010 und die Vorbereitung der Investitur der Deutschen Statthalterei im Jahre 2012 in München.[10]

4.2 Die Prioren

Prälat Prof. Dr. Karl Forster (1960-1966)

* 27.01.1928 Amberg/Oberpfalz
☩ 15.02.1960 München
† 23.11.1981 Augsburg

Ehrengroßprior Kardinal Wendel hatte den 32-jährigen Gründungsrektor der Katholischen Akademie in Schwabing wenige Tage nach Errichtung der Komturei im Februar 1960 in seiner Privatkapelle investiert und zum Prior bestellt. Im Oktober erhielt Forster auch das Amt des Geistlichen Zeremoniars der Provinz übertragen. Präsident von Pölnitz hatte ihn 1959 dem Kardinal wärmstens empfohlen: *Als Geistlichen möchte ich Herrn Direktor Dr. Karl Forster vorschlagen und Eure Eminenz sehr herzlich bitten, dazu die hohe Einwilligung zu erteilen. Durch ihn würde die Münchener Komturei eine geistige und geistliche Hand erhalten, die ihr sehr gut täte, um aus dem fast etwas zu familiären Niveau wieder herauszukommen. Gerade München muss darin vorbildlich sein, und es ist gut, wenn ein jüngerer Herr diesen Platz einnimmt.*[11]

Karl Forster war 1928 in Amberg geboren, wuchs aber in Landshut auf, wo sein Vater die staatliche Fachschule für Maschinen-

[10] Quelle: Persönliche Angaben von Cfr. Direktor Folker Müller.
[11] EAM Nachlass Kardinal Wendel 19Gr/1959 (Pölnitz an Wendel am 24.06.1959).

bau leitete. An der Berufswahl des in den letzten Kriegstagen noch zur Wehrmacht eingezogenen Gymnasiasten hatte der Landshuter Stiftspropst Albert Graf von Preysing, ein Bruder des Berliner Kardinals Konrad von Preysing, maßgeblichen Anteil. Das Theologiestudium absolvierte er in Freising und München. Für einen Theologiestudenten beachtlich, war er 1949/50 ASTA-Vorsitzender an der Ludwig-Maximilians-Universität und Landesvorsitzender der Bayerischen Studentenschaften. Bereits 1952 zum Dr. theol. promoviert, empfing er 1953 durch Kardinal Wendel im Freisinger Dom die Priesterweihe. Nach kaum einjähriger Kaplanszeit wurde er Wissenschaftlicher Assistent am Grabmann-Institut der Münchener Universität, um sich für das akademische Lehramt zu qualifizieren. Die Muße war ihm nicht gegönnt, weil ihn größere Aufgaben erwarteten. Kardinal Wendel beauftragte 1957 den 29-jährigen Forster mit der Gründung der Katholischen Akademie in Bayern, Kardinal Döpfner bestellte 1966 den Prosynodalrichter am Metropolitangericht und Päpstlichen Geheimkämmerer Forster zum Ständigen Sekretär der Deutschen Bischofskonferenz und 1970 den Päpstlichen Ehrenprälaten Forster zum Ständigen Sekretär der Gemeinsamen Synode Deutschlands in Würzburg. Der Freistaat Bayern ehrte ihn mit dem Bayerischen Verdienstorden. Die Spannungen im deutschen Katholizismus waren damals erheblich. Wie Prof. Dr. Joseph Ratzinger sich einer weiteren Teilnahme an der Würzburger Synode versagte, so auch Karl Forster, der 1971 dem Ruf als Universitätsprofessor für Pastoraltheologie nach Augsburg folgte. Weil er seinen Münchener Wohnsitz behielt, wo ihm seine Schwester Maria den Haushalt führte, blieb er der Komturei Patrona Bavariae erhalten. In vertrauten Kreisen ahnte man, dass Forster nach der Berufung Kardinal Ratzingers an die Römische Kurie 1981 zu dessen potentiellen Nachfolgekandidaten in München zählte. Eine in diesem Zusammenhang erfolgte Audienz beim Apostolischen Nuntius Corrado Bafile in Bonn verlief wenig harmonisch. Vom Nuntius auf die militärische Vergangenheit angesprochen, musste Forster über soviel Unverständnis sehr an sich halten, um die Fassung zu bewahren. Konfrater Forster erlag kurz darauf, am 23. November 1981, auf dem Weg zum Hörsaal in der Augsburger Universität einem Herzinfarkt. Dem Requiem in der Münchener Universitätskirche St. Ludwig, das ihm am 27. November Kardinal Ratzinger feierte, wohnte mit einer großen Trauergemeinde Großprior Bischof Dr. Franz Hengsbach von Essen bei. An seinem Grab auf dem Friedhof am Perlacher Forst würdigte Hengsbach als Vertreter der Deutschen Bischofskonferenz den Verstorbenen: *Im Glauben an Christus, den Auferstandenen... können wir die Last dieser Stunde tragen und sogar die Trauer, wenn auch nicht aus unseren Augen, so doch aus unseren Herzen in das Licht des Ostertages heben. In diesem Glauben und in dieser Hoffnung können wir auch dem gütigen Gott dafür Dank sagen, dass er der Kirche in Deutschland Karl Forster geschenkt hat. Nicht zuletzt dankt ihm die Deutsche Bischofskonferenz... Der Dienst unseres lieben Mitbruders am Evangelium und am Menschen, an der Kirche und der menschlichen Gesellschaft ist beim Durchschreiten zum Vorlesungsgebäude zu Ende gegangen. Gott hat ihn aus der irdischen Tür die Tür des Himmlischen Jerusalem betreten lassen. Dort wartet er auf uns. Ave, pia anima!*[12]

[12] EAM Nachlass Wendel 19Gr/1959 (24.06.1959 Empfehlung zur Aufnahme, Zitat; Ordensbrief der Provinz vom 1.10.1960: Geistlicher Zeremoniar). Schematismus <1965> 21, 35, 92, 171 u. 367. FORSTER Karl: Zehn Jahre Katholische Akademie in Bayern, in: Zehn Jahre Katholische Akademie in Bayern <München 1967> 29-40; DERS.: Gesellschaftliche Bedingungen der Seelsorge, in: Lebendige Seelsorge 30 <1979> 293-304; DERS.: Das Wort verkünden <Würzburg 1984>. ZÖLLER Josef O.: Zum Tod von Karl Forster – Zwischen Kirche und Welt, in: Rheinischer Merkur v. 27.11.1981. MAIER Hans: Karl Forster, in: Anzeiger für die Seelsorge 6 <1982>. RAUSCHER, Karl Forster. Frdl. Mitteilung von Cfr. Direktor Dr. Florian Schuller, München.

Abb. 34: Prior Dr. Karl Forster mit Cfr. Dr. Hundhammer und Cfr. Hans Schütz in der Fronleichnamsprozession 1961.

Abb. 35: Prior Dr. Pöhlein neben Ehrengroßprior Kardinal Döpfner.

Monsignore Dr. Hubert Maria Pöhlein (1966-1972)

* 16.08.1901 München-Forstenried
✠ 30.04.1960 Stuttgart
† 01.08.1972 München

Als Komtur mit Stern hebt sich Dr. Hubert Pöhlein aus der Reihe der Prioren hervor; der Stern weist auf seine besonderen Verdienste um die Gemeinschaft und das Heilige Land hin. Seine Wiege stand in München-Forstenried, wo er 1901 das Licht der Welt erblickte. Nach Besuch des Gymnasiums in seiner Heimatstadt und Theologiestudium in Freising erteilte ihm dort an Peter und Paul 1927 Kardinal Faulhaber die Priesterweihe. Der Neupriester half zunächst in München St. Joachim und in Neubeuern aus, um 1928 die Stelle eines Katechetenkaplans in Pasing anzutreten. Das ihm neben seinem Dienst erlaubte Weiterstudium beschloss er mit dem Staatsexamen für das Höhere Lehramt und der Promotion in Theologie an der Ludwig-Maximilians-Universität. Von 1934 bis 1942 unterrichtete er als Studienrat das Fach Religion an der Oberschule für Jungen in Traunstein. Als der junge Joseph Ratzinger 1937 in der Traunsteiner Pfarrkirche von Kardinal Faulhaber das Sakrament der Firmung gespendet erhielt, hatte Studienrat Pöhlein die vorangehende Firmmesse mit Ansprache gehalten. Zwei Jahre später bescheinigte er Ratzinger zur Aufnahme ins dortige Studienseminar, *brav, fleißig und zuverlässig* zu sein. Im Oktober 1942 wechselte Pöhlein an die Luitpold-Oberrealschule nach München, wo er 1952 zum Studienprofessor und 1954 zum Oberstudienrat befördert wurde. In Würdigung seiner pädagogischen Fähigkeiten erhielt er einen Lehrauftrag für katechetisch-praktische Übungen an der Universität und die Leitung des Pädagogischen Seminars für katholische Religionslehrer an den höheren Schulen Münchens übertragen.

Vom Ordenskanzler Prälat Meinertz in Köln am 6. Februar 1958 zur Aufnahme in den Orden vorgeschlagen, erteilte ihm Kardinal

Wendel am 23. Februar 1960 das Nihil obstat. Seine Investitur kann daher – entgegen der offiziellen Darstellung – nicht am 1. Mai 1958 in Mainz, sondern ehestens am 30. April 1960 durch Ehrengroßprior Kardinal Wendel in Stuttgart erfolgt sein. Im Gästebuch der Komturei steht sein Namenszug erstmals am 2. Juni 1960, dann regelmäßig bis zu seinem Tod. Sechsmal unternahm er unter ungleich schwierigeren Bedingungen als heute eine Pilgerfahrt nach Jerusalem. Eine literarische Liebeserklärung aus seiner Feder sind *Die heiligen Stätten der Evangelien*. Pöhlein nahm auch an einer Pilgerfahrt vom 27. Februar bis zum 14. März 1969 teil, die über Istanbul nach Jordanien und Israel führte. Fotos dieser Tage zeigen ihn Arm in Arm mit Patriarch Athenagoras von Konstantinopel und beim Empfang durch den jordanischen König Hussein in Amman, gleich hinter dem König und Großprior Erzbischof Lorenz Kardinal Jaeger. Nachdem er als Liturgischer Zeremoniar die Investitur am 8. Juni 1968 im Münchener Liebfrauendom durch Kardinalgroßmeister Tisserant gemeistert hatte, bestellte ihn Statthalter Dr. Hundhammer im Oktober zum Sekretär der Deutschen Statthalterei. Dr. Pöhlein nahm dieses Amt bis zum Amtsverzicht Hundhammers 1971 mit großem Einsatz wahr. Kardinal Wendel hatte ihm bereits 1962 den Titel seines Geistlichen Rats verliehen, Papst Paul VI. ernannte ihn zum Päpstlichen Geheimkämmerer mit dem Titel Monsignore. Seinen jüngeren Bruder, den Rektor der Dreifaltigkeitskirche von Schloss Blutenburg Alfons Pöhlein, hatte er 1969 für den Orden gewonnen. Hubert Pöhlein starb 1972 in München. Das letzte Geleit zum Alten Friedhof in Forstenried gaben ihm mit einer großen Trauergemeinde Statthalter Staatsminister a. D. Dr. Hundhammer, der Präsident der Bayerischen Ordensprovinz Staatssekretär a. D. Hugo Fink, der Ltd. Komtur der Patrona Bavariae Peter-Carl Freiherr von Aretin und zahlreiche Ordensmitglieder aus ganz Deutschland.[13]

Domkapitular Prälat Dr. Curt M. Genewein (1973-1979)

∗ 25.07.1921 München
☩ 12.05.1973 Augsburg
† 01.03.1991 München

Curt M. Genewein studierte zunächst Medizin und wurde 1947 zum Dr. med. promoviert. Das Theologiestudium absolvierte er in Freiburg i. Ue. und in Rom. Die Priesterweihe spendete ihm Kardinal Michael Faulhaber 1952 im Freisinger Dom. Nach Aushilfe an der Münchener Pfarrkirche Namen Jesu wurde er noch 1952 zum Weiterstudium beurlaubt, das er 1954 für ein Jahr als Hilfspriester am Münchener Krankenhaus Links der Isar unterbrach, um es 1957 mit dem Lizentiat in Theologie abzuschließen. Sein Charisma konnte er an Kranken, Ärzten und Pflegekräften entfalten. Von Kardinal Wendel zum Diözesanseelsorger für alle organisierten Pflegekräfte im Erzbistum bestellt, leitete er die Weiterbildung der Pflegeberufe in ganz Bayern. In der Vereinigung der katholischen Schwesternverbände der Welt war er Seelsorger der deutschen Sektion. Er rief die Arbeitsgemeinschaft für Krankenpflege in Deutschland und die Ökumenische Arbeitsgemeinschaft München für den Dienst an alten und kranken Menschen ins Leben. Er war Mitbegründer des Bayerischen Katholischen Krankenhausverbandes und der Katholischen Akademie für Krankenpflege in Bayern sowie Referent der Deutschen Akademie für medizinische Fortbildung in Bad Nauheim.

[13] EAM Nachlass Kardinal Wendel 19Gr/1958 (Empfehlung von Prälat Meinertz am 6.02.1958, Nihil obstat durch Kardinal Wendel am 23.02.1960); PÖHLEIN Hubert: Wolfgang Seidel 1492-1562. Benediktiner aus Tegernsee, Prediger zu München. Sein Leben und sein Werk (= Münchener Theologische Studien 1, Historische Abteilung 2) <München 1951>. MV <2008> 269 u. irrig 287; stattdessen ist er 289 unter Stuttgart aufzuführen. PFISTER, Josef Ratzinger 32, 34, 49 u. 72.

Die Krankenwallfahrten von Deutschland nach Lourdes verdanken ihm wesentliche Impulse. Größte Verdienste erwarb er sich mit der Fürsorge um die einst im KZ Dachau internierten französischen Priester. Französisch beherrschte er wie seine Muttersprache, ähnlich Italienisch und Spanisch. In den Ritterorden gelangte Dr. Genewein auf Vorschlag von Kardinal Döpfner, den Peter-Carl Freiherr von Aretin um Benennung eines Geistlichen als Nachfolger des verstorbenen Priors Dr. Pöhlein gebeten hatte. Kardinal Ratzinger berief ihn 1979 ins Münchener Domkapitel. Im Ordinariat leitete er das Öffentlichkeits- und Pressereferat sowie als Personalreferent den Einsatz der im Kirchendienst tätigen Laien. Johannes Paul II. ernannte ihn 1981 zum Päpstlichen Ehrenprälaten. Der französische Staatspräsident verlieh ihm 1987 das Ritterkreuz des französischen Verdienstordens, der deutsche Bundespräsident 1988 das Verdienstkreuz erster Klasse der Bundesrepublik Deutschland. Seine zahlreichen Aufgaben und zunehmende schwere Krankheit setzten seiner Mitarbeit in der Komturei Grenzen. Prälat Dr. Genewein erwartet den Jüngsten Tag in der Gruft des Metropolitankapitels auf dem Waldfriedhof.[14]

Stadtpfarrer Alfons Pöhlein (1979-1984)

∗ 19.02.1904 München
☩ 25.10.1969 Bamberg
† 04.01.1984 München

Zum Komtureiabend am 19. Februar 1975 schrieb Freiherr von Aretin ins Gästebuch: *Am 71. Geburtstag unseres geistlichen Führers Geistlichen Rat Alfons Pöhlein.* Der Eintrag belegt, dass wegen der

[14]EAM Nachlass Kardinal Döpfner 19Gr/1972 (Anfrage Aretins am 5.10.1972, Vorschlag Döpfners am 1.12.1972). Schematismus < 1965> 364. Röhmel Winfried: Als Arzt und Theologe den Menschen nahe. Zum Tode von Prälat Curt M. Genewein, in: Ordinariats-Korrespondenz Nr. 9 vom 7.03.1991. Gästebuch I. MV <2008> 268 u. 302.

Überbelastung Dr. Geneweins de facto Geistlicher Rat Alfons Pöhlein die Dienste des Priors wahrnahm. Er war der jüngere Bruder des erwähnten Priors Dr. Hubert Pöhlein. In München 1904 geboren, hatte Alfons in Freising Theologie studiert und dort am 29. Juni 1929 durch Kardinal Faulhaber die Priesterweihe empfangen. Der Neupriester trat seine erste Stelle am 18. Juli 1929 als Koadjutor in Langenpettenbach an, um dann im Jahresturnus bis 1935 als Kooperator die Pfarreien Niederroth, Ainring und München St. Sebastian kennenzulernen. Nachdem er seit 1939 als Pfarrvikar an St. Martin in München-Untermenzing gearbeitet hatte, ernannte ihn Kardinal Faulhaber 1944 zum Stadtpfarrer von Leiden-Christi in München-Obermenzing; seit 1960 trug er als Rector ecclesiae auch Sorge um die Dreifaltigkeitskirche von Schloss Blutenburg. Kardinal Wendel verlieh ihm am 30. Juni 1960 den Titel Geistlicher Rat. Seine Aufnahme in den Orden erfolgte 1969 in Bamberg.[15]

Prälat Prof. Dr. Hieronymus Menges (1984-1999)

∗ 09.05.1910 Karamurat i. Rumänien
☩ 14.05.1977 Berlin
† 20.04.2004 Bremen

Als Nachfolger Pöhleins gewann Peter-Carl von Aretin den ehemaligen Apostolischen Administrator von Bukarest, Dr. Hieronymus Menges. Kardinal Döpfner hatte dem nach langer Gefängnishaft im stalinistischen Rumänien 1965 in die Bundesrepublik Deutschland überstellten Amtsbruder Gastfreundschaft gewährt und zum Rektor von St. Georg in München-Bogenhausen ernannt. Gleichen Wohlwollens erfreute sich der zusammen mit Menges entlassene

[15] Gästebuch I; Schematismus <1958> 258 nennt irrig als Geburtsjahr 1905, aber als Weihejahr richtig 1929, Schematismus <1965> 104 dagegen als Geburtsjahr richtig 1904, als Weihejahr aber irrig 1930. Seine Seelsorgestellen s. in: Schematismus <1958> 258 sowie <1965> 104 u. 306. Direktorium <2008-2009> 33. MV <2008> 297.

Erzbischof Joseph Schubert von Bukarest. Der rumänische Märtyrerbischof starb am Karfreitag 1969 in München und erhielt ein ehrendes Begräbnis durch Kardinal Döpfner und den Apostolischen Nuntius Corrado Bafile in der Krypta des Liebfrauendomes.

Hieronymus Menges wurde 1910 im rumänischen Karamurat geboren. Nach dem Besuch des Deutschen Gymnasiums in Bukarest studierte er dort Theologie und empfing 1934 die Priesterweihe. Vom Erzbischof zum Weiterstudium nach Münster i. W. geschickt, wurde er hier 1937 als erster Schüler von Prof. Dr. Michael Schmaus zum Doktor der Theologie promoviert. Anschließend dozierte er am Bukarester Priesterseminar Dogmatik. Als 1948 der stalinistische Terror begann, war Dr. Menges Generalvikar von Erzbischof Alexander Cisar, dann des erwähnten Erzbischofs Schubert in Bukarest. Nach dessen Verhaftung 1951 übernahm er die Leitung des Erzbistums, von Frühjahr 1952 an mit besonderen päpstlichen Vollmachten für ganz Rumänien. Im November des Jahres selbst verhaftet, lernte er bis Ende Juli 1964 *alle Gefängnisse Rumäniens* in Isolierhaft kennen, bis er wie oben erwähnt, 1965 auf Intervention des französischen Präsidenten Charles de Gaulle und des amerikanischen Präsidenten Dwight Eisenhower nach Deutschland ausreisen konnte. Papst Paul VI. empfing ihn umgehend in einer außergewöhnlich langen Privataudienz und ehrte ihn mit dem Titel eines Päpstlichen Hausprälaten.

Die Aufnahme in den Ritterorden erhielt Prälat Menges 1977 in Berlin. Der Münchener Komturei bleiben seine Eucharistiefeiern und Ansprachen bei den monatlichen Zusammenkünften im Hotel Deutscher Kaiser, später im Kolpinghaus unvergesslich. Schlicht und bescheiden wie sein Auftreten waren auch seine Worte. Seine wachen Augen und der aus ihnen gelegentlich aufblitzende Schalk zeigten, dass er nicht nur viel zu sehen bekommen hatte, sondern

Abb. 36: Prior Prälat Dr. Hieronymus Menges.

Personen und Sachen glasklar einzuordnen wusste. Sein Einfühlungsvermögen und seine Sensibilität zeigten sich sowohl im Umgang mit seinen Mitmenschen als auch mit Tieren, besonders mit Bienen, sowie in seiner Fertigkeit des Rutengehens. Dank eines unverwüstlichen Optimismus kaufte er sich noch im hohen Alter ein neues Auto. Nach seinem altersbedingten Umzug zu seiner Schwester in Bremen bat er am 7. Dezember 1998 um Entpflichtung vom Amt des Priors, die am 24. Februar 1999 erfolgte. Hieronymus Menges starb 2002 im Bremer St. Joseph-Stift im gesegneten Alter von 91 Jahren. Mit einer großen Trauergemeinde gab ihm sein Neffe Cfr. Dr. Franz Menges aus der Komturei Patrona Bavariae das letzte Geleit auf dem Riensberger Friedhof in Bremen. Das Requiem der Münchener Komturei feierte Prior Prälat Brandt am 25. April in St. Emmeram München, an dem als Vertreter von Friedrich Kardinal Wetter Domkapitular Prälat Josef Obermaier teilnahm. Eine große Gemeinde von Verehrern in ganz Deutschland betrachtet Hieronymus Menges als besonderen Fürsprecher im Himmel:

> *Himmlischer Vater, Du hast Deiner Kirche in diesem Priester einen leuchtenden Zeugen Deiner Liebe geschenkt. Sei gepriesen für alle Gnaden und Wohltaten, die ihm Deine Güte im Laufe seines Lebens zugedacht hat. Laß ihn jetzt für alle Ewigkeit in Deiner unendlichen Freude leben, und laß viele Seelen – durch die großen Verdienste seines Lebens, die wir Dir vereint mit dem Leiden und Sterben Deines Sohnes aufopfern – Deiner väterlichen Liebe begegnen und schenke Deinem Werk – durch seine Fürsprache – Wachstum und Gedeihen. Amen*[16]

[16] MENGES Hieronymus: Joseph Schubert, Biographie eines rumänischen Bischofs <München 1971>. MV <1996> 308. TACKE Wilhelm: Ein Zeuge der vatikanischen Ostpolitik. Zum Tode von Prälat Hieronymus Menges, in: Deutsche Tagespost vom 16.05.2002. DERS.: Als Geheimbischof in Isolationshaft und Verbannung. Totenbildchen. Achtseitiges Faltblatt *Ein Priester nach dem Herzen*

Domkapitular Prälat Prof. Dr. Hans Jürgen Brandt (seit 1999)

∗ 28.04.1938 Gelsenkirchen-Schalke
✠ 08.05.1982 Hinterzarten/Freiburg i. Br.
Die Nachfolge von Prior Menges trat am 14. Mai 1999 der Professor für Katholische Theologie – Christliche Gesellschaftslehre an der Universität der Bundeswehr München Dr. theol. habil. Hans Jürgen Brandt an. Die Aufnahme in den Orden hatte sein Essener Heimatbischof Großprior Franz Hengsbach in die Wege geleitet und ihn 1982 in Hinterzarten und Freiburg investiert. Der Bitte Hengsbachs, den Essener Priester in die Münchener Komturei aufzunehmen, kam diese großzügig entgegen.

Hans Jürgen Brandt wurde 1938 in Gelsenkirchen-Schalke als drittes von vier Kindern des Bergtagearbeiters Bruno Felix Brandt und dessen Ehefrau Martha Emilie Kübler geboren. Der Vater stammte aus Rahnenberg Kr. Rosenberg in Westpreußen im Bistum Ermland, die Mutter aus Eichen Kr. Neustettin/Pommern. Seine Einschulung erfolgte wegen des Krieges verspätet 1945 in einer einklassigen Dorfschule bei Paderborn. Die Gymnasialstudien absolvierte er am Theresianum und am Humanistischen Hrabanus-Maurus-Gymnasium in Mainz sowie am altsprachlichen Schalker Gymnasium in Gelsenkirchen, an dem er 1959 das Reifezeugnis erwarb. Nach dem Theologiestudium in Paderborn und München weihte ihn Ruhrbischof Dr. Franz Hengsbach am 2. Februar 1965 zum Priester. Als Kaplan arbeitete er in Gelsenkirchen-Horst und an den Propsteikirchen in Wattenscheid und Bochum. Die Promotion zum Dr. theol. an der Bochumer Ruhr-Universität erfolgte 1971, die Habilitation nach einem längeren Aufenthalt am Vatikanischen Geheimarchiv 1978 bei Prof. Dr. Arnold Angenendt in Bochum.

Gottes – Zum Gedenken an den Hochwürdigsten Herrn Prälat Prof. Dr. Dr Hieronymus Menges, Druck und Verlag A. Ruhland <Altötting o.J.> (Gebet)

Abb. 37: Prior Prälat Dr. Hans Jürgen Brandt.

Anschließend dozierte er Kirchengeschichte in Bochum und Duisburg. Seine Berufung auf die Professur für Katholische Theologie an der Universität der Bundeswehr München erfolgte 1980. Am Essener Priesterseminar war Brandt von 1983 bis 1991 zusätzlich als Honorarprofessor für Geschichte der Pastoral und als Prosynodal-Examinator tätig. Papst Johannes Paul II. ernannte ihn 1984 zum Päpstlichen Ehrenkaplan und 1998 zum Päpstlichen Ehrenprälaten. Ruhrbischof Franz Hengsbach dankte ihm 1990 für den Einsatz in seinem Heimatbistum und bei der Bundeswehr mit der Ernennung zum Ehrendomherrn an der Essener Domkirche. Mit Erreichung der Altersgrenze nahm er 2003 Abschied von der Universität der Bundeswehr. Seine Berufung als Konsistorialrat mit dem Titel Domherr in das Ermländische Konsistorium zu Münster i. W. erfolgte 2007. Im Erzbistum München und Freising ist Brandt seit 30 Jahren als vicarius paroecialis an der Stadtpfarrkirche St. Maximilian in München tätig.[17]

4.3 Die aktiven Ordensmitglieder

Ritter Prof. h.c.
Alexander Freiherr von Branca
☩5.12.1970 Köln

Komtur mit Stern Dr. rer. soc.
Bernhard Dorn
☩5.5.1971 Konstanz

Komturdame
Erika Poehlmann
☩5.5.1971 Konstanz

Komturdame
Agnes Schenking
☩4.12.1971 Frankfurt a. M.

[17] Persönlichkeiten in München <Karlsruhe 1988> 118. Böhm/Gritz, Vita exemplum 133f. Brandt Hans Jürgen: Franz Hengsbach ganz persönlich, in: Brandt/Hellmich: Zeitzeuge Kardinal Franz Hengsbach 85-91.

Komturdame
Walburga Freifrau von Aretin
☩ 12.5.1973 Augsburg

Ordensdame
Ingeborg Bohrer
☩ 12.5.1973 Augsburg

Komtur
Rudolf Hundhammer
☩ 12.5.1973 Augsburg

Ritter Dr. es. sc. ec.
Hans-Hubert Friedl
☩ 6.12.1975 Essen

Großkreuzritter
Peter Neukam
☩ 8.5.1976 Trier

Komtur
Fritz Ustrich
☩ 8.5.1976 Trier

Ritter Dr. phil.
Hans Karl Kandlbinder
☩ 4.12.1976 Stuttgart

Ritter
Ferdinand Walter
☩ 4.12.1976 Stuttgart

Komtur mit Stern Dr. rer. nat.
Klaus R. Römer
☩ 14.5.1977 Berlin

Ritter Prof. Dr. phil.
Heinz Dollinger
☩ 3.12.1977 München

Komturdame
Hildegard Dorn
☩ 6.5.1978 Köln

Komtur mit Stern Dr. iur. utr.
Klaus Peter Arnold
☩ 9.12.1978 Frankfurt a. M.

Ritter Prof. DDr.
Franz Xaver Gärtner
☩ 9.12.1978 Frankfurt a. M.

Komtur Dr. phil.
Franz Menges
☩ 9.12.1978 Frankfurt a. M.

Komtur Dr. med.
Hansjoachim Linde
☩ 26.5.1979 Salzburg

Ritter Dr. med.
Peter Hans Gratzke
☩ 23.5.1981 Augsburg

Komtur
Siegfried Hausbacher
☩ 23.5.1981 Augsburg

Komtur
Georg Black
☩ 8.5.1982 Hinterzarten

Prior Prälat Prof. Dr. theol.
Hans Jürgen Brandt
✠ 8.5.1982 Hinterzarten

Ritter Dr. Rudolf Feistl
✠ 10.12.1985 Köln
ausgetreten

Komtur Dr. iur.
Hubert Mennacher
✠ 25.10.1986 Bamberg

Komtur Erzdiakon
Lothar Osterfeld
✠ 14.5.1988 Aachen

Komturdame Dr. med.
Helga Deiler
✠ 22.10.1988 München

Ritter Prälat
Franz Xaver Ertl
✠ 28.10.1989 Düsseldorf

Ritter Prof. Dr. med.
Rudolf Arnold
✠ 19.5.1990 Bonn

Ritter Dr. med.
Josef Arnold
✠ 25.5.1991 Hildesheim

Ritter
Hanns-Peter Kreuser
✠ 19.5.1984 Würzburg

Ritter Prof. Dr.
Günther Otto Kraus
✠ 10.5.1986 Salzburg

Ritter Prälat Prof. Dr. theol.
Ludwig Mödl
✠ 17.10.1987 Karlsruhe

Ritter Prof. Dr. theol.
Alois Baumgartner
✠ 22.10.1988 München

Komtur Dr. phil.
Manfred W. Biernath
✠ 20.5.1989 Mainz

Komtur
Gerhard Michael Hess
✠ 28.10.1989 Düsseldorf

Großprior Erzbischof Dr. theol.
Reinhard Marx
✠ 19.5.1990 Bonn

Ritter Dr. med. Michael Heun
✠ 25.5.1991 Hildesheim
ausgetreten

Abb. 38: Prof. h.c. Alexander Freiherr von Branca.

Ritter Prof. Dr. med. Dr. h.c.
Georg W. Kreutzberg
✠26.10.1991 Speyer

Komtur
Hans-Günther Kaufmann
✠15.5.1993 Augsburg

Ritter Prof. Dr. phil.
Petar Vrankic
✠12.11.1994 Berlin

Komtur mit Stern Dr. rer oec.
Jobst-Barnim von Beckedorff
✠25.10.1995 Bamberg

Ritter
Gerhard Bosl
✠12.10.1996 Fulda

Ritter Prof. Dr. med. habil.
Maximilian Stehr
✠12.10.1996 Fulda

Ordensdame
Erika Neukam
✠4.10.1997 Nürnberg

Ritter Prof. Dr. iur.
Franz-Christoph Zeitler
✠10.10.1998 Hamburg

Großkreuzdame Dr. iur.
Christa von Siemens
✠26.10.1991 Speyer

Komturdame
Elisabeth Reber
✠28.5.1994 Ulm

Ritter Dr. phil.
Gerhard Albert
✠21.10.1995 Bamberg

Komturdame Dr. med.
Amalie Arnold
✠12.10.1996 Fulda

Komtur Dr. rer. nat.
Karl Lubitz
✠12.10.1996 Fulda

Komturdame
Marianne Kunkel-Cichos
✠24.5.1997 Osnabrück

Komtur Dr. iur.
Andreas Vicomte de Forestier
✠9.5.1998 Mainz

Komtur Dr. rer. nat.
Anton Hofmann
✠20.5.2000 Aachen

Abb. 39: Großkreuzdame Dr. Christa von Siemens, Mitglied des Großmeisteramtes in Rom.

Ltd. Komtur
Folker Müller
☩ 7.10.2000 Ingolstadt

Ordensdame
Gertrud Fraundorfer
☩ 17.5.2003 Köln

Ordensdame
Johanna Schulz
☩ 24.4.2004 Dortmund

Ordensdame
Barbara Frua
☩ 16.10.2004 München

Ritter
Christian Kreuser
☩ 16.10.2004 München

Ritter
Andreas Neukam
☩ 16.10.2004 München

Ritter Dr. med.
Christian Russ
☩ 16.10.2004 München

Ordensdame
Michaela Odersky
☩ 7.10.2006 Augsburg

Ritter Dr. rer. pol.
Gerhard Griensteidl
☩ 17.5.2008 Köln

Ritter
Manfred Benkel
☩ 17.05.2003 Köln

Komtur
Bernd Schulz
☩ 24.4.2004 Dortmund

Großkreuzritter S.K.H.
Franz Herzog von Bayern
☩ 16.10.2004 München

Ritter
Reinhard Krauel
☩ 16.10.2004 München

Ritter Dr. med. habil.
Reinhold Andreas Lang
☩ 16.10.2004 München

Ritter
Josef Paul
☩ 16.10.2004 München

Ritter
Johannes Keilbach
☩ 7.10.2006 Augsburg

Ritter Dr. iur.
Hans Reichardt
☩ 7.10.2006 Augsburg

Ritter
Christian Menges
☩ 17.5.2008 Köln

Ordensdame
Maria Menges
☩ 17.5.2008 Köln

Ritter Msgr. Dr. theol.
Florian Schuller
☩ 16.5.2009 Fulda

Ritter Dr. iur.
Michael L. Ultsch
☩ 16.5.2009 Fulda

Ritter Msgr. Prof. Dr. theol.
Winfried Haunerland
☩ 16.5.2009 Fulda

Ritter Dr. rer. biol. hum.
Florian Bertsch
☩ 16.05.2009 Fulda

Ritter Generalvikar Prälat Prof.
DDr. Peter Beer
☩ 10.10.2009 Mannheim

4.4 Die verstorbenen Ordensmitglieder[18]

Großkreuzritter Präsident Dr. Heinrich Schmittmann

* 02.12.1878 Düsseldorf
☩ vor 1939
† 02.06.1952 München

Laut Mitgliederverzeichnis vom 7. Dezember 1950 gehörte der Präsident des Obersten Finanzgerichtshofes in München, Dr. iur. utr. Heinrich Schmittmann, zusammen mit dem Kölner Erzbischof und Ehrengroßprior Josef Kardinal Frings, Statthalter Franz Fürst zu Salm-Reifferscheidt-Dyck, Friedrich Fürst zu Hohenzollern und Botschafter a. D. Franz von Papen zu den Großkreuzrittern des Ordens

[18] Die Reihenfolge richtet sich nach dem Datum der Investitur. Außer den verstorbenen Mitgliedern der Komturei ab 1960 sind auch die zwischen 1950 und 1960 (Errichtung der Deutschen Statthalterei und Promulgation der Münchener Komturei) verstorbenen Mitglieder des Ordens im Diözesangebiet von München und Freising aufgeführt. Nicht aufgenommen sind die Ordensmitglieder anderer bayerischer Diözesen, die um 1960 zur Münchener Komturei zählten, bevor dort eigene Komtureien errichtet wurden.

vom Heiligen Grab in Deutschland. Schmittmanns Aufnahme in den Orden dürfte bereits vor dem Zweiten Weltkrieg erfolgt sein.[19]

Heinrich Schmittmann entstammte einer niederrheinischen Gutsbesitzersfamilie. Er war 1878 in Düsseldorf geboren, wo er das Gymnasium besuchte. Anschließend studierte er Rechtswissenschaften in Heidelberg, Leipzig und Bonn. Nach der Promotion zum Dr. beider Rechte und Ablegung der beiden Staatsprüfungen war er einige Jahre als Gerichtsreferendar und -assessor im Justizamt tätig, um 1910 in den preußischen Verwaltungsdienst überzutreten. Seiner Ehe mit Elisabeth geb. Wahlen entstammte ein Sohn. Seit 1919 war Schmittmann als Regierungsrat, Finanzgerichtspräsident und zuletzt bis 1933 als Oberfinanzpräsident in Düsseldorf tätig. Anschließend ging er als Senatspräsident an den Reichsfinanzhof in München. Als nach dem Zweiten Weltkrieg in München mit einem obersten Finanzgerichtshof für Bayern die Weichen für die Wiederherstellung bundeseinheitlicher Finanzrechtsprechung gestellt wurden, trat Schmittmann im Laufe des Jahres 1945 an seine Spitze. Die Leitung des zum Bundesfinanzhof aufgewerteten Rechtsinstituts übernahm er im Oktober 1950. Ende Februar 1951 trat der 73-jährige Schmittmann auf eigenen Wunsch zurück. Bundespräsident Theodor Heuss verlieh ihm das Große Verdienstkreuz der Bundesrepublik Deutschland mit Stern. Schmittmann war Großkreuzritter des Ordens vom Heiligen Grab zu Jerusalem, Großoffizier des päpstlichen Gregoriusordens, Träger des Kriegsverdienstkreuzes und zahlreicher weiterer hoher Auszeichnungen. Der K.St.V. Palatia Heidelberg, der ältesten katholischen Verbindung am Ort, hatte er seit Studientagen bis zum Tod die Treue gehalten.[20]

Sein Bruder, Prof. Dr. iur. Benedikt Schmittmann, war der 1937 von

[19] EBAP Nachlass Kardinal Jaeger 9a/1 (Verzeichnis der Mitglieder der Deutschen Ordenprovinz des Ritterordens vom Heiligen Grabe. Stand: 7.12.1950).

[20] Reichshandbuch der deutschen Gesellschaft II <1931> 1670.

den Nationalsozialisten im KZ Sachsenhausen ermordete Direktor des juristischen Seminars der Universität Köln und Komtur des päpstlichen Gregoriusordens. Dessen Gattin, Helene Schmittmann geb. Wahlen (1880-1970), gehörte dem Ritterorden vom Heiligen Grab als Dame an.[21]

Komtur Oberpfarrer Dr. Josef Schneider

* 01.10.1893 München
☩ vor 1939
† 21.04.1952 Seeshaupt

Josef Schneider empfing die Priesterweihe am 22. Juli 1917 in Freising. Nach Einsatz als Hilfsgeistlicher in Hallbergmoos und Miesbach wurde er 1919 als Lazarettgeistlicher nach Fürstenried abkommandiert. Im folgenden Jahr erhielt er die Bestallung als Seelsorger der Schutzpolizei München. Die geregelte Dienstzeit gab ihm Gelegenheit, ein Promotionsstudium mit dem Dr. phil. abzuschließen. In der Folgezeit rückte er zum Polizeioberpfarrer und Seelsorgereferenten im Staatsministerium des Innern auf. Seine Versetzung in den Ruhestand erfolgte 1935, vermutlich aus politischen Gründen. Seitdem lebte Dr. Schneider als Kommorant in München, später in Seeshaupt. Laut Mitgliederverzeichnis vom 7. Dezember 1950 gehörte Oberpfarrer a. D. Dr. Schneider zu den zehn Komturen der Deutschen Ordensprovinz. Seine Aufnahme in den Orden dürfte vor dem Zweiten Weltkrieg erfolgt sein.[22]

[21] Deus lo vult NF 6 <März 1971> 15.

[22] EBAP Nachlass Kardinal Jaeger 9a/1 (Verzeichnis der Mitglieder der Deutschen Ordenprovinz des Ritterordens vom Heiligen Grabe. Stand 7. Dezember 1950). Schematismus <1950> 76 u. 240 sowie <1953> 336. Vgl. MV <2008> 269 (unvollständiges Todesdatum).

Komtur Kaufmann Jakob Wochinger

☩ vor 1928

† vor 1960

Bei der 1928 von Köln aus erfolgten Registrierung der deutschen Ordensmitglieder hatte sich Jakob Wochinger vom Münchener Bavariaring als Ritter gemeldet. Seine Investitur muss folglich zuvor erfolgt sein. Als man nach dem Zweiten Weltkrieg am 7. Dezember 1950 wieder Bilanz zog, gehörte der Münchener Kaufmann Jakob Wochinger aus der Egetterstraße 2 zum Kreis der zehn Komture der Deutschen Ordensprovinz.[23]

Ritter Pfarrer Maximilian Arthur Hilden

* 1880 Hofgeismar/Hessen

☩ vor 1939

† 05.02.1963 Rosenheim

Maximilian Arthur Hilden gehörte zu den Gründungsmitgliedern der Patrona Bavariae am 6. Februar 1960 und besuchte bis zu seinem Tod regelmäßig die Münchener Komtureiversammlungen. Ort und Datum seiner Aufnahme in den Ritterorden sind nicht bekannt. Da er bei der Gründung der Münchener Komturei fast achtzig Jahre alt war, dürfte seine Investitur bereits vor dem Zweiten Weltkrieg erfolgt sein. Er stammte aus Hofgeismar und hatte 1903 in Fulda die Priesterweihe empfangen. Seinen Ruhestand verbrachte er als Kommorant in Riedering. Prior Dr. Karl Forster feierte sein Requiem mit der Münchener Komturei am 6. März 1963 in der Münchener Dreifaltigkeitskirche.[24]

[23] EBAP Nachlass Kardinal Jaeger 9a/1 (Verzeichnis der Mitglieder der Deutschen Ordenprovinz des Ritterordens vom Heiligen Grabe. Stand: 7. Dezember 1950).

[24] EAM Nachlass Kardinal Döpfner 19Gr/1963 (Totenbildchen). Schematismus <1962> 86. Gästebuch I. Vgl. MV <2008> 245 (ohne Ort und Datum seiner Investitur und seines Todes).

Komtur Staatsminister Hans Schütz

∗ 14.02.1901 Hemmehübel i. Nordböhmen
☩ 08.12.1952 Köln
† 24.01.1982 Marquartstein

Der Gründer und Vorsitzende der Ackermann-Gemeinde der Sudetendeutschen, Hans Schütz, der seit 1949 dem Bundestag angehörte, wurde 1952 in Köln investiert. Selbst Heimatvertriebener, hat Schütz sich größte Verdienste um die Eingliederung der Flüchtlinge und Vertriebenen in der Bundesrepublik Deutschland und die Versöhnung mit den Tschechen und Slowaken erworben.

Hans Schütz war Sudetendeutscher aus Nordböhmen. Nach einer Schreinerlehre wurde er 1920 Gewerkschaftssekretär und im folgenden Jahre Geschäftsführer des Christlichen Textilarbeiter-Verbands im Sudetenland. An der Sozialen Volkshochschule in München weitergebildet, zog er 1935 als Abgeordneter der Deutschen Christlich-Sozialen Volkspartei in das Prager Parlament ein, dem er bis 1938 angehörte. Im Krieg zur Wehrmacht eingezogen, geriet er in amerikanische Gefangenschaft. Nach seiner Entlassung arbeitete er seit Anfang 1946 in der kirchlichen Hilfsstelle für Heimatvertriebene in München. Er übernahm die Leitung des Hauptausschusses der Flüchtlinge und Ausgewiesenen in Bayern und gründete mit Pater Dr. Paulus Sladek die Ackermann-Gemeinde der Sudetendeutschen, der er bis 1969 vorstand. Sein Verhältnis zum Vorsitzenden der Sudetendeutschen Landsmannschaft, Dr. Lodgmann von Auen, der die katholisch geprägte Ackermann-Gemeinde ablehnte, war gespannt. Von 1949 bis Frühjahr 1963 war er Mitglied des Bundestages und der Beratenden Versammlung des Europarates sowie der Versammlung der Westeuropäischen Union. Nach dem Ausscheiden aus dem Bundestag bekleidete er zunächst das Amt des Staatssekretärs im Bayerischen Staatsministerium für Arbeit und soziale Fürsorge, um dann von Juni 1964 bis Dezember 1966 als Staatsminister an die Spitze des Ressorts zu treten. Staatsminister a.D. Hans Schütz, Träger des Bayerischen Verdienstordens und des Großen Verdienstkreuzes mit Stern und Schulterband des Verdienstordens der Bundesrepublik Deutschland, Ritter vom Heiligen Grab zu Jerusalem, starb 1982. In Kondolenzanzeigen würdigten der Bayerische Ministerpräsident Dr. h.c. Franz Josef Strauß, der Generalsekretär der CSU Dr. Edmund Stoiber sowie der Vorsitzende der Ackermann-Gemeinde und Präsident der Nürnberger Bundesanstalt für Arbeit Prof. Dr. h.c. Josef Stingl die herausragenden Verdienste des Verstorbenen. Er sei Politiker aus Verantwortung für seine Sudetendeutschen Landsleute, für das Deutsche Volk und die Europäische Einigung gewesen. Sein Leben habe im Dienst der Verständigung und Zusammenarbeit gestanden. Die Ackermann-Gemeinde sei von ihm als ein Werk kirchlicher Friedensarbeit begründet und aufgebaut worden. Eine große Trauergemeinde feierte mit Prior Angelus Waldstein OSB, dem Geistlichen Beirat der Ackermann-Gemeinde, in München St. Joseph das Requiem. Seine Beisetzung erfolgte auf dem Nordfriedhof.[25]

Ritter Universitätsprofessor Dr. Otto Graf

∗ 1893 München

☩ 08.12.1952 Köln

† vor 11.09.1962 München

Otto Graf hatte nach Studium, Promotion und Habilitation eine Anstellung als Privatdozent an der Psychologischen Abteilung des Max-Planck-Instituts für Arbeitsphysiologie in Dortmund erhalten und 1929 als langjähriger Mitarbeiter das Amt des Ltd. Direktors übernommen. Gleichzeitig war er Dozent an der Sozialakademie

[25] Abgeordnete des Deutschen Bundestages, hrsg. v. Deutschen Bundestag, II <Boppard a. Rhein 1983> 195-233. MKKZ <18.03.2001> (Festakt zum 100. Geburtstag, Zitat).

Dortmund und Leiter der Sozialpsychologischen Abteilung an der Sozialforschungsstelle der Universität Münster in Dortmund. Von 1942 bis zum Kriegsende leitete er die ausgelagerten Institute in Diez a. d. Lahn. Den nationalsozialistischen Zugriff der ihm anvertrauten Einrichtungen wusste er geschickt abzuwehren. Am 31. Dezember 1958 wurde er altersbedingt emeritiert und zog mit seiner Gattin Maria in seine Heimatstadt München. Großprior Jaeger empfahl ihn am 3. November 1959 den bayerischen Ordensmitgliedern: *München hat jetzt einen neuen Ordensbruder bekommen in Universitätsprofessor Dr. Otto Graf..., der seinen Wohnsitz nach München, Prinzregentstraße 146 verlegt hat. Prof. Dr. Otto Graf ist in der Nachkriegszeit Vorsitzender des Diözesankatholikenausschusses der Erzdiözese Paderborn gewesen, ein wahrhaft apostolischer Mann, dem die Erzdiözese viel verdankt.* In das Gästebuch der Komturei trug Dr. Graf sich mit seiner Gattin Maria erstmals am 20. April 1960 ein, ab dann regelmäßig. Zum letzten Mal steht sein Name unter dem 9. Mai 1962 verzeichnet, als Prior Dr. Karl Forster die Komtureimesse *in memoriam Dr. Friderici Pustet et Mariae Graf* feierte. Professor Graf starb kurz nach seiner Frau im selben Jahr in München. Die Komturei feierte sein Requiem am 11. September 1962, an dem sein Sohn Heinz Graf und dessen Gattin teilnahmen.[26]

Ehrengroßprior Joseph Kardinal Wendel

∗ 27.05.1901 Blieskastel/Saarpfalz
☩ 1952 Rom
† 31.12.1960 München

Schon als Bischof von Speyer war Joseph Wendel mit dem Aufbau

[26] EBAP Nachlass Kardinal Jaeger 9a/4 (Jaeger an Pölnitz mit Empfehlung Grafs für München; vgl. ebd. Pölnitz an Jaeger am 5.11.1959). Gästebuch I. Vgl. MV <2008> 282 (Investitur, kein Todesdatum).

des Ritterordens in Bayern befasst. Nachdem nämlich Großprior Jaeger im Frühjahr 1952 den Münchener Erzbischof Michael Kardinal von Faulhaber vom Wunsch des Großmeisteramtes in Kenntnis gesetzt hatte, *dass recht bald auch eine süddeutsche Provinz des Ordens eingerichtet* werde, hatte ihm Faulhaber versprochen, das Thema auf die Tagesordnung der im März stattfindenden Bayerischen Bischofskonferenz zu setzten. Mit dem Sachreferat hatte Faulhaber den Speyerer Bischof Wendel betraut, der bereits am 15. März 1952 Großprior Jaeger nach Paderborn berichtete: *Ich habe in Freising referiert. Die Errichtung einer süddeutschen Provinz des Ritterordens vom Hl. Grab innerhalb der deutschen Statthalterei wurde begrüßt.* Jaeger möge die Nachricht vertraulich ansehen, weil er der Mitteilung des Vorsitzenden, sprich Kardinal Faulhaber, nicht vorgreifen wolle. Nachdem Faulhaber am 12. Juni 1952 verstorben war, hieß bereits am 9. Juli der neue Erzbischof von München und Freising – Dr. Joseph Wendel.[27] Das römische Großmeisteramt und die Deutsche Statthalterei verbanden mit dem neuen Münchener Erzbischof hohe Erwartungen, und dieser enttäuschte sie nicht. Kardinalgroßmeister Canali promovierte Wendel noch im November 1952, kurz nach dessen Inthronisation, zum Ehrengroßprior. Am Heiligen Abend 1952 investierte Wendel S.K.H. Herzog Albrecht als künftigen Präsidenten der Bayerischen Ordensprovinz, deren Errichtung der Kardinalgroßmeister bereits am 20. Januar 1953 in Rom feierlich verkündete.[28] Es dauerte dann allerdings bis 1957, dass die Bayerische Ordensprovinz nicht nur auf dem Papier stand, sondern vor Ort promulgiert war. Die Verdienste Kardinal Wendels um die Bayerische Ordensprovinz und die Münchener Komturei sind im ersten Kapitel dieses Buches näher dargestellt. Die Bayerische Orden-

[27] EBAP Nachlass Kardinal Jaeger 9a/1 (Jaeger an Faulhaber am 7.02.1952; Faulhaber an Jaeger am 14.02.1952; Jaeger an Wendel am 6.03.1952; Wendel an Jaeger am 15.03.1952).

[28] CRAMER/FROHN, Der Ritterorden vom Hl. Grabe 117.

sprovinz gedachte ihres verewigten Ehrengroßpriors am 20. Februar 1961 in München. Mit mehr als dreißig Ordensmitgliedern feierte Weihbischof Johannes Neuhäusler für Joseph Kardinal Wendel in der Dreifaltigkeitskirche das Requiem.[29]

Ehrenpräsident S.K.H. Albrecht Herzog von Bayern

* 03.05.1905 München
☩ 24.12.1952 Schloss Berg b. Starnberg
† 08.07.1996 Schloss Berg b. Starnberg

Mit der privaten Investitur des bayerischen Prinzen Albrecht am 24. Dezember 1952 in Schloss Berg erhielt die zahlenmäßig noch kleine Gemeinschaft des Ritterordens vom Heiligen Grab zu Jerusalem in Bayern ein höchst prominentestes Mitglied. Als 1957 die Bayerische Ordensprovinz ins Leben gerufen wurde, trat der Prinz als erster Präsident an deren Spitze. Da er jährlich mehrere Monate in seinen überseeischen Besitzungen verbrachte und auch der Provinzprior Prälat Dr. Georg Meixner als Bamberger Domkapitular und bayerischer Landtagsabgeordneter mit Arbeit überlastet war, kam der Aufbau der Provinz nur schleppend voran. Prinz Albrecht übergab 1959 das Amt an Götz Reichsfreiherr von Pölnitz. Als Ehrenpräsident und Großkreuzträger verfolgte er das Ordensleben noch mehr als drei Jahrzehnte lang mit teilnehmendem Interesse.

Albrecht Luitpold Ferdinand Michael wurde 1905 in München als zweiter Sohn des späteren Kronprinzen Rupprecht von Bayern und dessen Gemahlin Herzogin Marie-Gabriele geboren. Seine Mutter starb 1912, sein älterer Bruder Luitpold zwei Jahre später. Als potentieller Thronfolger erhielt er eine entsprechende Erziehung und trat 1915 als Zehnjähriger im Rang eines Leutnants in die königlich

[29] Gästebuch I (20.02.1961). Kronacker, Pro mundi vita 405-431. Brandt/Böhm, Bayerns Kardinal bei den Soldaten. Schwaiger/Heim, Kardinal Joseph Wendel.

bayerische Armee ein. 1918 floh er mit der Familie nach Tirol. Nach München zurückgekehrt, machte er 1924 am Wilhelmsgymnasium das Abitur und begann das Studium der Forstwirtschaft. Weil er sich weigerte, einer Organisation der NSDAP beizutreten, erhielt er Studienverbot. 1930 vermählte er sich mit Maria Franziska Gräfin Drašković von Trakostjan. Der Ehe entstammten zwei Töchter und zwei Söhne. Dem nationalsozialistischen Druck entzog sich die Familie, indem sie ihren Wohnsitz von Wildbad Kreuth nach Kroatien, später nach Ungarn verlegte. Von 1944 bis zum Kriegsende war Albrecht zusammen mit seiner Familie nacheinander in den Konzentrationslagern Sachsenhausen, Flossenbürg und Dachau interniert. Nach der Befreiung 1945 nahm Albrecht das Studium wieder auf und beschloss es mit dem Diplom. Die Veterinärmedizinische Fakultät der Universität München verlieh ihm später die Ehrendoktorwürde. Als Kronprinz Rupprecht 1955 starb, trat er mit allen Rechten und Pflichten dessen Erbe an. Weil er ein Nachfahre der Stuarts war, proklamierten ihn die englischen Jakobiten als Albert I., König von England, Schottland und Irland, ohne dass Albrecht diesen Titel allerdings je führte. Auf den bayerischen Thron verzichtete er allerdings nie förmlich. Nach dem Tod seiner Gemahlin Maria Franziska heiratete er 1971 Marie-Jenke Gräfin Keglevic von Buzin. Herzog Albrecht war ein passionierter Jäger und Forstwissenschaftler, dessen wissenschaftliche Studien in Fachkreisen hohes Ansehen genossen. Längere Zeit des Jahres verbrachte er auf dem Besitz seines Hauses in Übersee. Zu politischen Ereignissen oder Entwicklungen bezog er keine dezidierten Positionen. Herzog Albrecht starb 1996 in Schloß Berg am Starnberger See. Die Münchener Bevölkerung konnte von ihm in der Theatinerkirche Abschied nehmen, wo Ritter des Heiligen Grabes an seinem Leichnam Totenwache hielten. Das Pontifikalrequiem zelebrierte Erzbischof Friedrich Kardinal Wetter. Seine Beisetzung erfolgte auf dem Friedhof von Kloster Andechs.[30]

Ritter Albert Englberger

✠ 09.05.1954 Freiburg i. Br.

† 01.03.1994 München

Dipl.-Kfm. Albert Englberger war mit vielseitiger ausländischer Berufserfahrung zuletzt bei Messerschmitt-Bölkow-Blom tätig.[31]

Ehrengroßprior Julius Kardinal Döpfner

∗ 26.08.1913 Hausen b. Bad Kissingen

✠ 1958 Rom

† 24.07.1976 München

Der Münchener Kardinal Döpfner bekleidete neben seinen hohen Ämtern im deutschen Episkopat und in der Weltkirche auch das eines Ehrengroßpriors des Ritterordens vom Heiligen Grab zu Jerusalem. Der aus bescheidenen familiären Verhältnissen in Hausen bei Bad Kissingen stammende Unterfranke hatte 1948 als jüngster Bischof weltweit die Leitung seines Heimatbistums Würzburg übernommen, wurde 1957 Bischof der geteilten Diözese Berlin und kam 1961 als Nachfolger von Kardinal Wendel nach München. Auf dem Zweiten Vatikanischen Konzil erwarb er sich als einer der vier Moderatoren hohe Anerkennung. Die Deutsche Bischofskonferenz leitete er von 1965 bis zu seinem Tod. Die Ernennung zum Ehrengroßprior dürfte 1958 im Rahmen der Feierlichkeiten seiner Erhebung zum Kardinal in Rom erfolgt sein. Statthalter von der Heydte, der dem neuen Kardinal Anfang Januar 1959 in Berlin seine Aufwartung gemacht hatte, unterrichtete Großprior Jaeger umgehend

[30] Freisleder Franz: Ein Förderer der Künste. Am 3. Mai wäre Herzog Albrecht 100 geworden, in: SZ <29.04.2005>. Ders.: Der Mann, der Bayerns König wär, in: SZ <3.05.1995>. Aretin Peter-Carl Freiherr von: Herzog Albrecht von Bayern †, in: Deus lo vult NF 57 <II. Halbjahr 1996> 23.

[31] In älteren Mitgliederverzeichnissen irrig als Ernst Engelberger verzeichnet.

über das große Interesse Döpfners. Bereits am 2. und 3. Mai des Jahres solle in Berlin eine Investitur abgehalten werden. Für die – offensichtlich bei diesem Anlass – zu promulgierende Ostdeutsche Ordensprovinz habe Döpfner die im Bau befindliche Kirche Regina Martyrum vorgesehen. Die politischen Hürden vereitelten das Vorhaben. Mit größter Selbstverständlichkeit wurde Ehrengroßprior Döpfner von Großprior Jaeger im Frühjahr 1960 gebeten, statt seiner die Investitur in Stuttgart vorzunehmen. Der vom römischen Großmeisteramt geplanten Aufteilung der Deutschen Statthalterei in vier Sektionen widersetzte er sich mit Verweis auf die Einheit Deutschlands entschieden. Der von Papst Paul VI. forcierten Ostpolitik des Vatikans stand er ebenso ablehnend gegenüber wie Großprior Jaeger. Als Münchener Erzbischof widmete Kardinal Döpfner der Komturei Patrona Bavariae große Aufmerksamkeit. Generalmusikdirektor Eugen Jochum investierte er 1962 in seiner Privatkapelle. Ehrengroßprior Julius Kardinal Döpfner starb 1976, noch keine 63 Jahre alt, und wurde in der Bischofsgruft des Liebfrauendomes beigesetzt.[32]

Ritter Karl Anton Ederer

∗ 02.07.1900 Ausgburg

☩ 30.04.1957 München

† 04.07.1970 München[33]

Karl Anton Ederer wurde als Oberschulrat aufgenommen und ging als Oberverwaltungsdirektor in den Ruhestand. Sein Sohn Konrad hatte 1958 in Freising die Priesterweihe empfangen.

[32] EBAP Nachlass Kardinal Jaeger 9a/b (Jaeger an P. Josef Spellucci in Rom am 8.01.1959; Heydte an Jaeger am 14.01.1959). DÖPFNER, Praedicamus Crucifixum. FORSTER, Julius Kardinal Döpfner. LANDESDORFER Erwin: Döpfner, Julius, in: GATZ, Die Bischöfe 1945-2001, S. 386-394.

[33] Laut Totentafel in: Deus lo vult NF 7 <2. Heft 1971> starb Ederer am 4.07.1971 und nicht, wie in MV <2008> 268 angegeben, am 12.07.1971.

Komturdame Elisabeth Freifrau von und zu Guttenberg

∗ 12.08.1900 München

✠ 30.04.1957 München

† 13.02.1998 München

Seit ihrer Investitur 1957 durch Ehrengroßprior Kardinal Wendel und Großprior Erzbischof Jaeger in der Münchener Theatinerkirche gehörte Elisabeth Reichsfreifrau von und zu Guttenberg über vier Jahrzehnte lang zu jenen Münchener Ordensmitgliedern, die nicht nur Säulen der Komturei waren, sondern durch ihr sozial-karitatives Engagement weit in die Gesellschaft wirkten. Im Requiem für die Verstorbene, das Regionalbischof Ernst Tewes am 27. Februar 1998 in der Theatinerkirche feierte, verbeugten sich mit den Rittern und Damen vom Heiligen Grab namhafte Persönlichkeiten aus Kirche und Politik vor einer großen Frau.

Elisabeth Johanna wurde als zweites Kind des Generals der Infanterie Luitpold Reichsfreiherr von und zu der Tann-Rathsamhausen und dessen Ehefrau Emma geborene Gräfin Mikes von Zabola aus Ungarn-Siebenbürgen geboren. Die Familie war evangelisch-lutherischer Konfession, ihr Onkel Janos Mikes von Zabola war katholischer Bischof von Steinamanger, zuletzt Erzbischof von Salimbria. Ihre schulische Bildung erhielt Elisabeth durch französische Lehrerinnen. Noch nicht 19-jährig heiratete sie auf Schloss Weisendorf in Oberfranken Georg Ennoch Reichsfreiherr von und zu Guttenberg. Wenige Wochen nach der Hochzeit konvertierte sie in der Franziskanerkirche St. Anna im Münchener Lehel zur Katholischen Kirche. Von ihren vier Kindern machte Karl Theodor (1921-1972) als CSU-Abgeordneter im Deutschen Bundestag weit über Bonn hinaus den Namen Guttenberg bekannt, Verteidigungsminister Karl Dr. iur. Theodor von und zu Guttenberg in Berlin ist ihr Urenkel. Nachdem sie 1940 den Tod ihres Mannes und 1943 den ihres ältesten Sohnes Philipp Franz vor Stalingrad zu beklagen hatte, fand sie

Abb. 40: Komturdame Elisabeth Freifrau von und zu Guttenberg.

Trost und Kraft bei der Mystikerin Therese von Konnersreuth, die sie seit 1928 kannte. Die verwitwete Reichsfreifrau wuchs angesichts der Not nach 1945 über sich hinaus. Als Landesvorsitzende der *Caritas-Kommission des Katholischen Frauenbundes in Bayern* reiste sie 1947 zur *International Conference of Socialwork* nach New Jersey/USA. Auf über zwanzig Bettel- und Vortragsreisen durch die USA sammelte die polyglotte bayerische Baronin Sachgüter und Geldspenden in beachtlicher Höhe für das darniederliegende Deutschland. Als im besten Sinne des Wortes konservative Frauenrechtlerin gab sie ihren bayerischen Geschlechtsgenossinnen Unterricht in Emanzipation: als Geschäftsführerin der *Arbeitsgemeinschaft Katholischer Frauen Bayerns* von 1957 bis 1980 mit zeitweise 300 000 Mitgliedern, als Initiatorin der Zeitschrift *Die Frau im Zeitgeschehen* ab 1957 und als Landesvorsitzende *des Bayerischen Landesverbandes des Katholischen Frauenbundes* von 1963 bis 1967. Im Gästebuch der Komturei Patrona Bavariae steht ihr Namenszug regelmäßig verzeichnet, das letzte Mal am 20. Oktober 1993, als ihr Schwiegersohn Cfr. Alexander Freiherr von Branca über seine Sakralbauten referierte. Ausgezeichnet mit dem Großen Verdienstkreuz der Bundesrepublik Deutschland, dem Bayerischen Verdienstorden und dem Päpstlichen Orden pro Ecclesia et Pontifice, starb die tiefgläubige Komturdame des Ritterordens vom Heiligen Grab am 13. Februar 1998 hoch betagt in ihrer Geburtsstadt München.[34]

[34] GUTTENBERG Elisabeth Freifrau von und zu: Beim Namen gerufen. Erinnerungen <München 1. u. 2. Aufl. 2000>. UDE Karl: Gegen die Trends der Zeit gelebt, in: SZ <5.04.1990>. BERGER Manfred: Guttenberg, Elisabeth Reichsfreifrau von und zu, in: BBKL XXI <2003> 587-599. MORSEY Rudolf: Karl Theodor Freiherr von und zu Guttenberg (1921-1972), in: ARETZ, Zeitgeschichte in Lebensbildern VIII, 123-137.

Abb. 41: Statthalter Hundhammer mit Kardinalgroßmeister Tisserant.

Statthalter DDr. Alois Hundhammer
∗ 25.02.1900 Moos b. Ebersberg
✠ 30.04.1957 München
† 01.08.1974 München
Staatsminister DDr. Alois Hundhammer gehörte seit 1957 dem Orden an und erhielt 1961 die Pilgermuschel. Nachdem Kardinalgroßmeister Eugène Tisserant ihn 1968 in Rom zum Statthalter der Deutschen Statthalterei bestellt hatte, leitete er diese bis 1971. Der bisher einzige deutsche Statthalter, den die Bayerische Ordensprovinz gestellt hat, war eine markante Persönlichkeit. Den weißen Vollbart, der sein Porträt unverwechselbar machte, trug er seit seiner Kriegsgefangenschaft im Zweiten Weltkrieg. Wie auf der politischen Bühne, war Hundhammer auch im Orden nicht unumstritten.

Alois Hundhammer wurde 1900 als erstes von dreizehn Kindern eines Landwirts in Moos bei Ebersberg geboren. Nach seiner Gymnasialzeit an der Klosterschule Scheyern und am Dom-Gymnasium Freising leistete er Militärdienst beim Bayerischen Infanterieleibregiment. Das anschließende Studium der Philosophie, Geschichte, Staatswissenschaften und Volkswirtschaft beschloss er 1923 mit dem Dr. phil., zwei Jahre darauf mit dem Dr. oec. publ. Zwei Semester studierte er in Budapest. Zunächst Referent für Volkswirtschaft bei der Kreisbauernkammer, wurde er 1927 Stellvertretender Generalsekretär des Christlichen Bauernvereins. 1932 zog er für die Bayerische Volkspartei in den Landtag ein. Als Gegner der Nationalsozialisten wurde er von diesen 1933 als einer der ersten bürgerlichen Abgeordneten ins KZ Dachau verbracht. Nach einem Monat wieder entlassen, half er sich mit einer Schuhreparatur-Werkstatt durch und legte eine Fachkundeprüfung in Schuhhandel ab. Als Soldat in der Wehrmacht war er Zahlmeister.

Nach Entlassung aus der Kriegsgefangenschaft gehörte er zu den

Gründern der CSU. 1946 kam er in den Landtag, in dem er den Vorsitz der Fraktion übernahm. Von Dezember 1946 bis Dezember 1951 war er Kultusminister, dann bis 1954 Landtagspräsident. Von 1957 bis 1959 leitete er als Staatsminister das Landwirtschaftsministerium. Gesundheitliche Gründe zwangen ihn, von da an politisch kürzer zu treten. Seine Verdienste wurden ausgezeichnet mit dem Großkreuz des Bundesverdienstkreuzes, der Goldenen Verfassungsmedaille des Freistaates Bayern, dem Großkreuz mit Stern des päpstlichen Sylvesterordens u. a. Er war Ehrenbürger von Tuntenhausen, Ehrenpräsident der Deutsch-Ungarischen Gesellschaft und Ehrenvorsitzender des Landesverbandes der katholischen Männervereine Deutschlands. Alois Hundhammer starb 74-jährig und wurde auf dem Friedhof in Grünwald zu Grabe getragen.[35]

Ritter Universitätsprofessor Dr. Max Lebsche

∗ 1886 Glonn
✠ 30.04.1957 München
† 22.09.1957 München

Der Meisterschüler des berühmten Professors Sauerbruch, später selbst international bekannter Direktor der Chirurgischen Universitätsklinik München, Prof. Dr. med. Max Lebsche, war in mehrfacher Hinsicht bemerkenswert. Dem Ritterorden gehörte er kaum fünf Monate an.

Max Lebsche stammte als Sohn eines Bezirksarztes aus Glonn. Humanistisch gebildet, arbeitete er nach seiner Promotion zum Dr. med. an der Münchener Universität zehn Jahre lang eng mit Prof. Dr. Ferdinand Sauerbruch auf dem Gebiet der Lungenchirurgie und

[35] EAM Nachlass Kardinal Wendel 19Gr/1962 (3.05.1962 Pilgermuschel). HUNDHAMMER, Für Papst und Kirche. PÖHLEIN, Alois Hundhammer. ZITTEL, Alois Hundhammer.

später der sogenannten *Sauerbruch-Hand* zusammen, als deren Meister Dr. Lebsche Weltruf genoss. Nach seiner Habilitation zunächst Privatdozent, wurde er 1936 zum außerordentlichen Professor an der Münchener Universität berufen. Ein zweites berufliches Standbein hatte er seit 1930 als Leiter der Poliklinik in dem von ihm gegründeten Maria-Theresia-Krankenhaus am Bavariaring. Als ihn die Nationalsozialisten seiner Professur und der Leitung der Poliklinik entsetzten, arbeitete er ohne Entgelt im Maria-Theresia-Krankenhaus. Bei Ausbruch des Krieges wurde er als Chefarzt des im Caritas-Krankenhaus zu Fürstenried eingerichteten *Standortlazarettes I München* eingezogen. Nach Kriegsende blieb er Chefarzt des Caritas-Krankenhauses und erhielt 1947 eine ordentliche Professur an der Münchener Universität; seit 1951 arbeitete er zudem als Leitender Chirurg am Maria-Theresia-Krankenhaus.

Der international bekannte Chirurg Max Lebsche war ein glühender bayerischer Patriot und bekennender Katholik. Seine Maria-Theresia-Klinik hatte er aus tiefer Verehrung gegenüber dem bayerischen Königshaus so benannt. An der Frontseite der Klinik bezeugten die beiden programmatischen Worte *Veritate - Caritate* sein hohes Berufsethos. Mit dem Schriftsteller Erwein von Aretin gründete er 1946 die *Bayerische Heimat- und Königspartei*, die von der amerikanischen Militärregierung jedoch alsbald verboten wurde. Zwei weitere Versuche scheiterten, weil sich das Haus Wittelsbach distanzierte. Im Juli 1950 gelang ihm im vierten Anlauf die Gründung der *Bayerischen Königspartei*, deren Vorsitz er übernahm. Politische Bedeutung erlangte sie nicht. Prof. Dr. Lebsche hat für seine Verdienste zahlreiche Auszeichnungen erhalten, darunter die Verdienstmedaille des souveränen Malteserordens in Gold. Die Stadt München ehrte ihn mit dem *Max-Lebsche-Platz*, seine Heimatstadt Glonn mit einer *Prof.-Lebsche-Straße*. Zur letzten Ruhe wurde er im Grab seiner Eltern und Geschwister in Glonn gebettet.[36]

Komtur Alexander Prugger
∗ 1887 Waldmünchen
☩ 30.04.1957 München
† 25.06.1962 München
Großprior Jaeger hätte Oberfinanzpräsident Alexander Prugger gerne als Nachfolger von Herzog Albrecht im Amt des Präsidenten der Bayerischen Ordensprovinz gesehen, das 1959 Götz Reichsfreiherr von Pölnitz übertragen erhielt. Prior Dr. Karl Forster feierte für den Verstorbenen in der Dreifaltigkeitskirche am 22. Juli 1962 ein Requiem, an dem Witwe Paula Prugger teilnahm.[37]

Komtur Dr. Hermann Vitalowitz
∗ 29.06.1890 Dillingen
☩ 30.04.1957 München
† 04.04.1965 Gauting
Der Journalist und Herausgeber der *Münchner Zeitung*, dem späteren *Münchner Merkur*, Dr. phil. Hermann Vitalowitz, trug beim Eucharistischen Weltkongress 1960 mit Bernhard Graf von Galen aus Münster und Cfr. Johannes Stuth aus Köln in den Prozessionen die farbenfrohe Uniform eines Päpstlichen Ehrenkämmerers. Seine letzte Ruhestätte fand er auf dem Friedhof in Gauting.[38]

Ritter Dr. Johann Georg Weber
☩ 30.04.1957 München
† 28.10.1964

[36] Fischer A.: Ein Arzt von Format, in: MKKZ <9.10.1977>. Internationales Biographisches Archiv 48 <30.11.1957> 4570.
[37] EAM Nachlass Kardinal Döpfner 19Gr/1962 (Einladung Kreusers vom 2.07.1962 zum Requiem für Prugger). Gästebuch I (11.07.1962).
[38] MKKZ 53 <1960> 643.

Dr. phil. Johann Georg Weber war der Gatte von Komturdame Friederike Weber. Als Oberbürgermeister von Ingolstadt machte er sich von 1946 bis 1952 hochverdient um den Wiederaufbau der Stadt.

Ritter Dipl.-Ing. Franz Fischer

✠ 06.06.1959 Essen

† 16.08.1962

Ritter Dombaumeister Dr. Theodor Brannekämper

∗ 22.09.1900 München

✠ 05.12.1959 Köln

† 05.01.1989 München

Dipl. Ing. Dr. Ing. Theodor Brannekämper gründete 1934 in München die *Hoch- und Grundbauunternehmung Dr. Ing. Theo Brannekämper GmbH.* Nach dem Zweiten Weltkrieg leitete er als Dombaumeister den Wiederaufbau des Münchener Liebfrauendomes sowie der Innenstadtkirchen St. Peter, Heilig-Geist und St. Kajetan, um nur die bedeutendsten historischen Gotteshäuser zu nennen. Für die Dome von Regensburg und Würzburg erstellte er Gutachten. Den Chorbereich des Münchener Liebfrauendomes passte er 1971 den liturgischen Erfordernissen des Zweiten Vatikanischen Konzils an. Brannekämper verantwortete die technische Ausführung, die künstlerischen Vorgaben lieferte das Metropolitankapitel. Zahlreiche Neubauten von Kirchen der Erzdiözese München und Freising verbinden sich mit seinem Namen. Cfr. Brannekämper hatte die Oberleitung, Planung und Ausführung der sog. fliegenden Bauten auf der Theresienwiese anlässlich des Eucharistischen Weltkongresses 1960 und des Papstbesuches 1980. Der Kunstbeauftragte der Erzdiözese, Prälat Joachim Delagera, würdigte Dr. Brannekämper beim goldenen Firmenjubiläum 1984 als *genialen Meister eines Le-*

benswerkes von Rang. Seine letzte Ruhestätte fand Theodor Brannekämper auf dem Waldfriedhof.[39]

Ritter Dr. med. Walter Thaler

☩ 05.12.1959 Köln

† 07.07.1973 München

Pater Johannes Baptist Lotz SJ feierte die Komtureimesse am 18. Juli 1973 als Requiem für den Verstorbenen. Seine Predigt stellte er unter den Leitsatz: *Er schaut, was wir glauben!*[40]

Komturdame Marianne Thora

∗ 22.11.1921 Neuburg a. d. Donau

☩ 05.12.1959 Köln

† 14.01.1999 München

Rechtsanwältin Marianne Thora gehörte mit Elisabeth Freifrau von und zu Guttenberg, Dr. Karl Kreuser, Prof. Dr. Lebsche, Alexander Prugger, Dr. Karl Anton Ederer, DDr. Alois Hundhammer und Dr. Hermann Vitalowitz zu den Gründungsmitgliedern der Patrona Bavariae. Die acht Münchener waren 1959 gezielt im Blick auf die Gründung der Münchener Komturei investiert worden. Ihre Promotion zur Komturdame erfolgte am 4. Dezember 1971 in Frankfurt. Marianne Thora war im biblischen Sinne eine *mulier fortis* – eine *starke Frau.*[41] In Neuburg geboren, besuchte Marianne Thora

[39] Abenthum Karl: Der Münchener Liebfrauendom nach seiner Wiederherstellung – mit einem Beitrag von Dr. Theo Brannekämper und Dombenefiziat Dr. Johannes Fellerer <München 7. Aufl. 1978>. Delagera Joachim: Vorwort zu Brannekämper Theo: 50 Jahre Bauunternehmung Brannekämper <München 1984> (Ein Exemplar befindet sich in der Bibliothek des Metropolitankapitels München). Ramisch Hans. Die Frauenkirche in München (= Schnell Kunstführer 500) <Regensburg 9., veränderte Aufl. 1999> 8.

[40] Gästebuch I.

[41] Spr. 31,10ff; vgl. Messe von einer heiligen Frau, die nicht Martyrin war, in: Das vollständige Römische Messbuch, hrsg. v. Benediktinern der Erzabtei Beuron

von 1932 bis 1940 in München das Luisengymnasium. Das Jurastudium an der dortigen Universität beschloss sie 1945 mit dem 1. Staatsexamen und wurde anschließend Assistentin am Lehrstuhl für Strafrecht. Das 2. Staatsexamen legte sie 1948 ab. Am Tag der Währungsreform erhielt sie die Zulassung zur Rechtsanwaltschaft und Eröffnung der Anwaltskanzlei. Als Strafverteidigerin und Fiskalanwältin vor Zivil- und Verwaltungsgerichten machte sich die Trägerin der Bayerischen Verfassungsmedaille einen bundesweit bekannten Namen. Sie verteidigte die im Exorzistenprozess zu Klingenberg involvierten Priester ebenso wie den Münchener Weihbischof Dr. Matthias Defregger wegen seiner Rolle als Wehrmachtoffizier im Zweiten Weltkrieg. Ob es um den Wasserstreit in Füssing, die Errichtung des Zweiten Deutschen Fernsehens (ZDF) oder den Prozess um den Münchener Flughafen ging – Marianne Thoras Name stand, geachtet oder geschmäht, in den Schlagzeilen. Mit ihrer katholischen Gesinnung hielt sie nicht hinter dem Berge. In der Gründungsgeschichte der Katholischen Akademie, des Katholischen Familienwerkes e. V., des Karmels in Dachau, des St. Pauls-Kollegs, des Johannes-Kollegs und des Lateinamerika-Kollegs in München steht ihr Name verdienstvoll verzeichnet. Nach Ausweis des Gästebuches der Patrona Bavariae versäumten Marianne Thora und ihr Ehemann, Rechtsanwalt Josef Thora, keine Ordensveranstaltung. Bei der jährlichen Adventsfeier bot sie stets von ihr persönlich angefertigten Weihnachtsschmuck zugunsten des Waisenhauses in Bethlehem an. Wie die Mutter von sieben Kindern Familie und Beruf bewältigte, war ihr Geheimnis. Marianne Thoras Tod hinterließ in der Komturei eine schmerzliche Lücke. Das Requiem wurde für die Verstorbene in München St. Anna gefeiert, ihre Beisetzung erfolgte auf dem neuen Teil des Waldfriedhofs.[42]

<Freiburg i. Br. 1961> [68-73, bes. 69].

[42] Unterlagen der Komturei, Todesanzeige u. Totenbildchen. Zu Weihbischof Matthias Defregger (1915-1995) s. GATZ, Die Bischöfe 1945-2001, S. 400.

Ritter Dr. Hugo Schnell

∗ 15.03.1904 München
☩ 05.12.1959 Köln
† 29.12.1981 Lindenberg/Allgäu

Hugo Karl Maria Schnell hatte nach dem Abitur in Augsburg in München Philosophie, Theologie, Geschichte und Kunstgeschichte studiert. 1931 wurde er mit einer Arbeit über „Die Einflüsse des Konzils von Trient auf die Kunst in Altbaiern“ promoviert. Nachdem er als Kulturredakteur der *Bayernwacht* 1933 einige Wochen inhaftiert war, gründete er noch im selben Jahr mit dem Kaufmann Johannes Steiner den *Dreifaltigkeitsverlag* zur Herausgabe von Kirchenführern. Der Verlag musste alsbald seinen Namen ändern und firmiert seit 1947 als *Verlag Schnell & Steiner*. Beim Eucharistischen Weltkongress 1960 in München organisierte Dr. Schnell eine vielbeachtete Ausstellung zur Bayerischen Frömmigkeit. Bis 1973 lag in seinen Händen die Schriftleitung der von ihm 1947 ins Leben gerufenen Zeitschrift für christliche Kunst und Kunstwissenschaft *das münster*. Dr. phil. Hugo Schnell und seine Gattin Dr. phil. Martha geb. Paula gehörten zu den regelmäßigen Teilnehmern der Münchener Komtureitreffen. Seine letzte Ruhestätte fand der Verstorbene in Scheidegg/Allgäu. Die Patrona Bavariae feierte sein Requiem am 20. Januar 1982.[43]

Ritter Franz Michael Scherübl

∗ 1904
☩ 10.12.1961 Limburg
† 29.08.1999 Herrsching

Franz Michael Scherübl war zuletzt Senatspräsident am Bundesverwaltungsgericht. Seinen Ruhestand verbrachte er in Breitbrunn

[43] ALTMANN Lothar: Schnell, Hugo Karl Maria, in: NDB 23 <2007> 316f. Gästebuch I (28.05.1963 Treffen der Komturei im Hause Schnell).

am Ammersee, wo er auch seine letzte Ruhestätte fand. Ltd. Komtur Peter Neukam und Gattin Erika gaben ihm als Vertreter der Komturei das letzte Geleit.

Ritter Generalmusikdirektor Prof. h.c. Eugen Jochum

∗ 01.11.1902 Babenhausen i. Unterallgäu
☩ 22.09.1962 München
† 26.03.1987 München

Eugen Jochum war bereits 1956 zur Aufnahme in den Orden vorgeschlagen worden, doch ließ sich wegen seiner in- und ausländischen Verpflichtungen kein geeigneter Termin finden. Ehrengroßprior Julius Kardinal Döpfner investierte ihn deshalb am 22. September 1962 in der Erzbischöflichen Privatkapelle. Nach Ausweis des Gästebuches besuchten Eugen Jochum und seine Gattin Maria die Komtureitreffen trotz des gefüllten Terminkalenders verhältnismäßig oft.

Eugen Jochum war der Sohn eines katholischen Lehrers, Organisten und Leiters des Orchesters- und Theatervereins. Bereits mit vier Jahren hatte er Klavier- und mit sechs Jahren Orgelunterricht erhalten, so dass er als 9-Jähriger in den Kirchen seiner Heimat die Organisten vertrat. Nach dem Musikstudium in Augsburg und München begann er 1926 seinen Berufsweg, der ihn über Kiel, Lübeck, Mönchengladbach, Mannheim 1930 als Generalmusikdirektor nach Duisburg und 1932 an die Städtische Oper Berlin führte. Von 1934 bis 1949 war er als Nachfolger von Karl Böhm Generalmusikdirektor der Hamburgischen Staatsoper. 1948 wurde ihm der Professorentitel verliehen. Das von ihm ein Jahr später gegründete Symphonieorchester des Bayerischen Rundfunks machte er zu einem der führenden deutschen Orchester. Nach seinen Münchener Jahren leitete er von 1960 bis 1963 zusammen mit Bernhard Haitink das Concertgebouw-Orchester in Amsterdam, von 1971 bis 1973 als Chefdirigent die Bamberger Symphoniker. Daneben gastierte er an den Opernhäusern Berlin, München und Wien. Eugen Jochum galt als bedeutendster Brucknerinterpret und als einer der bekanntesten Dirigenten seiner Zeit. Seine Tochter Veronika Jochum von Moltke, die den Harvard-Professor Wilho von Moltke, den Bruder des Widerstandskämpfers Helmuth James von Moltke heiratete, ist eine bekannte Pianistin und Professorin am New England Conservatory in Boston/USA. Eugen Jochums künstlerisches Wirken fand hohe Anerkennung. Er war Mitglied der Bayerischen Akademie der Schönen Künste, Träger des Bayerischen Verdienstordens, des Kulturpreises der Stadt Würzburg und des Romano-Guardini-Preises der Katholischen Akademie Bayerns, den er 1985 erhielt. Im Gästebuch der Komturei ist letztmalig sein Name am 15. Juni dieses Jahres verzeichnet. *Als Eugen Jochum am 26. März 1987 in München stirbt, ist der 84-Jährige eine Legende.* Zu seinem 100. Geburtstag 2002 gab die Deutsche Bundespost eine Sonderbriefmarke heraus, die ihn hellwach am Dirigentenpult zeigt.[44]

Komtur Universitätsprofessor Dr. Hans-Lothar Thiel

* 15.11.1920 Danzig
☩ 05.12.1964 Köln
† 29.03.2002 Unterammergau

Hans-Lothar Thiel besuchte das Gymnasium im ermländischen Allenstein. Nach der Reifeprüfung 1939 studierte er Medizin in Königsberg, anschließend in Breslau. Er erhielt als Soldat die Möglichkeit, sein Studium 1944 an der Universität Erlangen fortzusetzen,

[44] EBAP Nachlass Kardinal Jaeger 9a/4 (30.09.1956 Eugen Jochum Kandidat). Wildhagen Christian: Anwalt und Diener der Musik. Der Dirigent Eugen Jochum, in: Neue Zürcher Zeitung <30.10.2002> (Zitat). Finkenzeller Roswin: Alles fließt, und einer schreit. An Allerheiligen wäre der Dirigent Eugen Jochum hundert Jahre alt geworden, in: FAZ <27.10.2002>. Mauder Stephanie: Eugen Jochum als Chefdirigent beim Bayerischen Rundfunk <Frankfurt 2003>. Zum literarischen Schaffen von Frau Maria Jochum s. Krüger Renate/Prégardier Elisabeth: Behütetes Feuer <Ottobeuren 2003>.

Abb. 42: Generalmusikdirektor Prof. Eugen Jochum empfängt den Romano-Guardini-Preis.

Abb. 43: Rorateamt in Heilig-Geist (oben). Prälat Dr. Gritz feiert 2000 sein diamantenes Priesterjubiläum.

die ihn 1946 zum Dr. med. promovierte. Seine Habilitation erfolgte 1962. Bereits 1957 hatte Dr. Thiel als Chefarzt die Leitung der Augenklinik in Ludwigshafen übernommen – ein Lehrkrankenhaus der Universität Mainz –, die der inzwischen zum o. Universitätsprofessor ernannte Dr. Thiel zur größten Einrichtung ihrer Art in der Bundesrepublik ausbaute. Sein Amt als langjähriger Ltd. Komtur der Komturei Heidelberg/Mannheim gab er 1978 in jüngere Hände, seine berufliche Verabschiedung in den Ruhestand erfolgte 1984. Durch den Umzug nach Unterammergau wurde Prof. Dr. Thiel Mitglied der Patrona Bavariae, an deren Ordensleben er bis zu seinem Tod regen Anteil nahm. Die Exequien wurden für den Verstorbenen in Oberammergau gefeiert, die Beisetzung fand in Unterammergau statt. Die Münchener Komturei nahm von ihm in einem von Weihbischof Dr. Franz Dietl zelebrierten Requiem am 18. Mai 2002 in der Asamkirche Abschied, dem Statthalter a. D. Peter Heidinger beiwohnte.[45]

Ordensdame Klara Kemmler

☩ 01.05.1965 München

† 13.07.1966, verunglückt auf der Fahrt zum Bamberger Katholikentag

Ritter Konsul Johann Holzmüller

∗ 1926 München

☩ 15.11.1967 Rom

† 12.07.1989 München

Konsul Johann Holzmüller wurde von Kardinalgroßmeister Eugène Tisserant in Rom investiert. Das Sittenzeugnis hatte ihm der Stadtpfarrer von St. Bonifaz München ausgestellt. Beim Münchener

[45] Totenbildchen. Freundliche Mitteilung von Frau Christel Thiel, Unterammergau.

Aufenthalt des Kardinalgroßmeisters anlässlich der Investitur 1968 gaben Herr und Frau Holzmüller ein festliches Abendessen.[46]

Ritter Rechtsanwalt Dr. iur. Erich Bohrer

* 01.08.1919 Düsseldorf

✠ 08.07.1968 München

† 25.03.1978 München

Das Requiem für den Verstorbenen wurde unter Teilnahme der Ordensmitglieder in St. Johann Baptist München-Solln gefeiert; seine letzte Ruhestätte fand er auf dem dortigen Waldfriedhof.

Komtur Dr. Anton Ernstberger

* 20.08.1910 München

✠ 08.07.1968 München

† 19.12.1978 München

Der Bankier und Mäzen Dr. iur. Ernstberger war Inhaber des Großen Verdienstkreuzes der Bundesrepublik Deutschland, des Bayerischen Verdienstordens, des Komturkreuzes des päpstlichen St. Gregoriusordens und anderer hoher Auszeichnungen.[47]

Ritter Max Geiger

✠ 08.07.1968 München

† 05.02.1974 München

Bankdirektor Max Geiger war Vorstandsmitglied der Bayerischen Hypotheken- und Wechselbank.

[46] EAM Nachlass Kardinal Döpfner 19Gr/1968 (Schreiben vom 5.04.1968 mit Anlage vom 7.11.1967). Fotoalbum *AD 1968 Besuch Seiner Eminenz Eugenio Kardinal Tisserant, Dekan des Heiligen Kollegiums, in der bayerischen Landeshauptstadt.*

[47] Internationales Biographisches Archiv 6 <10.02.1979>. Anton Ernstberger –, in: SZ <20.12.1978>.

Ritter Oberfinanzpräsident Fritz Rüth

∗ 1914
☩ 08.07.1968 München
† 23.10.1986 München

Ritter Franz Graf von Spreti

∗ 17.04.1914 Kapfing
☩ 08.07.1968 München
† 11.05.1990 Landshut

Franz Seraph Graf von Spreti, Herr auf Kapfing und Vilsheim, wurde 1968 in München investiert. Nachdem er als Landrat des Landkreises Landshut Erfahrung gesammelt hatte, übernahm er als Präsident die Kanzlei und Verwaltung des Herzogs von Bayern. Er war in erster Ehe mit Helene Gräfin Moy de Sons, in zweiter Ehe mit Pia Gräfin von Preysing-Lichtenegg-Moos verheiratet. Seine Verdienste fanden hohe Anerkennung. Er war Ehrenbürger der Gemeinde Vilsheim, Träger des Bayerischen Verdienstordens, Ritter des königlich bayerischen Hausordens vom hl. Hubertus, Justizritter des Constantinordens vom hl. Georg. Sein älterer Bruder, Karl Borromäus Graf von Spreti (1907-1970), der als deutscher Botschafter in Guatemala ermordet wurde, gehörte dem Ritterorden vom Heiligen Grab als Komtur an.[48]

Komtur mit Stern Dr. Wilhelm Steinmetz

☩ 08.07.1968 München
† 28.04.1989

Dr. med. Wilhelm Steinmetz gehörte später zur Komturei Regensburg, deren erster Ltd. Komtur er war.

[48] Internationales Biographisches Archiv 26 <27.06.1970>. Todesanzeige. Totenbildchen.

Ritter Staatsminister Dr. Fritz Pirkl

∗ 1925 Sulzbach-Rosenberg
☩ 08.07.1968 München
† 19.08.1993 Marquartstein

Fritz Pirkl war als Sohn eines Eisenbahners in Sulzbach-Rosenberg geboren und erhielt nach dem Schulbesuch 1943 die Einberufung zur Wehrmacht. Gleich nach Kriegsende beteiligte er sich in Nürnberg am Aufbau des Bundes der Katholischen Jugend (BDKJ). Im Jahre 1946 nahm er das Studium der Psychologie, Volkswirtschaft und Geschichte in Würzburg und Erlangen auf, das er mit dem Diplom in Psychologie und der Promotion zum Dr. phil. abschloss. Anschließend war er als Wirtschaftsberater und in der Hauptstelle der Bundesanstalt für Arbeit in Nürnberg tätig. Seit 1949 Mitglied der CSU, bekleidete er in den folgenden Jahren antwortungsvolle Parteiämter. Der von ihm mitbegründeten Hanns-Seidel-Stiftung stand er von 1967 bis zu seinem Tod vor. Pirkl gehörte von 1952 bis 1959 dem Rat der Stadt Nürnberg, von 1958 bis 1984 dem Bayerischen Landtag, von 1984 bis 1993 dem Europäischen Parlament an. Von Ministerpräsident Alfons Goppel zunächst zum Staatssekretär für Arbeit und Soziale Fürsorge bestellt, erhielt er 1966 von ihm die Ernennung zum Staatsminister dieses Ressorts. Ministerpräsident Franz Josef Strauß bestätigte ihn 1978, bis Pirkl 1984 aus dem Amt schied. Eine Straße in Nürnberg hält dort sein Andenken in Ehren.[49]

Komtur mit Stern Ministerpräsident Dr. Max Streibl

∗ 06.01.1932 Oberammergau
☩ 08.07.1968 München
† 11.12.1998 München

[49] EBAP Nachlass Kardinal Jaeger 9a/11. KNA Nr. 156 <8.07.1968>. Vgl. MV <2008> 296 (im Unterschied zu Streibl hier als Kandidat genannt).

Max Streibl wurde als Generalsekretär der CSU 1968 in München investiert. Er stammte als Sohn eines Hoteliers aus Oberammergau. Nach dem Abitur am Klostergymnasium Ettal 1950 studierte er Rechtswissenschaft und Volkswirtschaftslehre an der Universität München. Sein anschließender Berufsweg führte ihn u. a. über Bonn in den Bayerischen Landtag und die Münchener Staatskanzlei als Stellvertretenden Ministerpräsidenten. Streibl machte 1970 als der erste Umweltminister der Bundesrepublik Deutschland Schlagzeilen. Nach dem plötzlichen Tod von Ministerpräsident Franz Josef Strauß trat er 1988 dessen Nachfolge an. Im Rahmen der Münchener Investitur dieses Jahres, bei der er als Landesvater und Ordensmitglied eine beachtete Rede hielt, erfolgte seine Promotion zum Komtur mit Stern. Nach seinem erzwungenen Rücktritt 1993 zog er sich nach Oberammergau zurück und kam nur noch selten nach München. Dr. Max Streibl starb 1998 in München und wurde in Oberammergau zu Grabe getragen.[50]

Ritter Dr. Hermann Kammermayer

∗ 29.03.1925 Regensburg
☩ 25.10.1969 Bamberg
† 25.01.2003 München

Hermann Kammermayer stammte aus Regensburg, wo er Kindheit und Schulzeit verbrachte. Nach dem in München und Weihenstephan/Freising mit dem Dipl. Brau-Ing. und der Promotion zum Dr. agrar. abgeschlossenen Hochschulstudium arbeitete er zunächst als Direktor einer Brauerei in Südtirol, um dann den Schwerpunkt sei-

[50] Streibl Max: Rede beim Empfang im Kaisersaal der Residenz in München, in: Deus lo vult NF 42 <Januar 1989> 9f. Ein milder und bodenständiger Landesvater, in: FAZ <12.12.1998>. Vom Klosterschüler zum Ministerpräsidenten, in: SZ <12./13.12.1998> 60. Spemann Erik: Max Streibl gestorben. Er hat sich immer mit ganzer Kraft für Bayern eingesetzt, in: Das Parlament <18.12.1998>.

ner Tätigkeit als Dozent der Fachhochschule Weihenstephan nach Freising zu verlegen. Zuletzt wirkte er dort als Leiter der Lehrbrennerei. Wie für die Regensburger Domspatzen betätigte sich Cfr. Kammermayer für zahlreiche kirchliche Institutionen als ehrenamtlicher Mitarbeiter und Mäzen. Er starb unerwartet am 29. Januar 2003. Die Ordensmitglieder feierten das Requiem in der Freisinger Stadtpfarrkirche St. Georg mit und sangen an seinem Grab auf dem dortigen Pfarrfriedhof das *Salve Regina*.[51]

Ritter Universitätsprofessor Dr. iur. utr. Dr. med. Maximilian Schweigert

∗ 01.01.1895
☩ 25.10.1969 Bamberg
† 16.06.1981

Ritter Dr. Herbert Dicknether

∗ 1916
☩ 06.12.1969 Essen
† 27.09.1991 München

Der renommierte Kinderfacharzt Dr. med. Dicknether war der Ehegatte der Ordensdame Regina Dicknether. Eine Reihe von Medizinstudenten und jungen Ärzten verdanken ihm ihr Studium. Seine letzte Ruhestätte fand er wie seine Gattin auf dem Friedhof von St. Georg München-Bogenhausen.

Komtur Dr. Eberhard Martini

∗ 31.05.1935 Augsburg
☩ 05.12.1970 Köln
† 29.01.2009 Arlsberg

[51] Totenanzeige.

Der Fabrikant und Bankier Dr. iur. Eberhard Martini stammte aus einer Augsburger Industriellenfamilie. Als Vorstand der Bayerischen Hypotheken- und Wechselbank leitete er von 1991 bis 1994 den Bundesverband deutscher Banken (BdB). Nachdem er in den Ruhestand verabschiedet war, meldete er sich und seine Gattin Christl zweimal zur Heilig-Land-Fahrt der Komturei an. Die Wahrnehmung des ersten Termins vereitelte eine schwere Krankheit seiner Gattin, die des zweiten Termins sein plötzlicher Tod. Eberhard Martini starb infolge eines Skiunfalls. Am Requiem in der Münchener Basilika St. Bonifaz nahmen mit einer großen Trauergemeinde die Ordensmitglieder teil.

Ritter Dr. Benno Poehlmann
* 26.10.1910
✠ 05.12.1970 Köln
† 07.04.1986 München
Hotelier Dr. rer. pol. Dipl.-Volkswirt Benno Poehlmann gewährte der Münchener Komturei bis zu seinem Tod Gastrecht in seinem Hotel Deutscher Kaiser am Münchener Hauptbahnhof, in dem er eine Kapelle eingerichtet hatte. Seine letzte Ruhestätte fand Dr. Poehlmann auf dem Friedhof von St. Georg München-Bogenhausen.

Komtur Ministerialdirektor Prof. Dr. Otto Barbarino
* 31.12.1904 Burghausen
✠ 13.05.1972 Bremen
† 16.06.1999 Burghausen
Dr. Otto Barbarino zählt zu den herausragenden bayerischen Persönlichkeiten der Nachkriegszeit. Als Sohn einer Kaufmannsfamilie in Burghausen geboren, besuchte er dort die Grundschule und das Gymnasium bis zum Abitur 1924. Das Studium der Staatswissenschaften an den Universitäten Wien und München beschloss er

1927 mit dem Dipl. rer. pol. und 1929 mit dem Doktorat summa cum laude. Anschließend Mitarbeiter am Statistischen Reichsamt in Berlin, endete seine Karriere 1933, weil er den Nationalsozialismus kompromisslos ablehnte. Als Soldat im Zweiten Weltkrieg war er Referent in einer Forschungsstelle für Wehrwirtschaft. Nach der Rückkehr aus amerikanischer Kriegsgefangenschaft trat er 1946 in das Bayerische Staatsministerium der Finanzen als Regierungsrat ein. Im Herbst des Jahres wurde der nunmehrige Oberregierungsrat Babarino nach Frankfurt a. M. zur Errichtung des *Gemeinsamen deutschen Finanzrates* abgeordnet. Im Frühjahr 1947 in München zum *Generalreferenten für den bayerischen Haushalt* bestellt, nahm Otto Barbarino im August 1948 als einer von fünf juristischen Sachverständigen am Verfassungskonvent von Herrenchiemsee teil, auf dem die Entscheidung zur Gründung eines westdeutschen, demokratischen Bundesstaates fiel. Außerordentliche Verdienste erwarb sich Barbarino um die Lösung der Probleme der Vertriebenen und Flüchtlinge. Er hatte maßgeblichen Anteil an der Aktion der staatsverbürgten Flüchtlingsproduktivkredite, an der Gründung der Bayerischen Landesanstalt für Aufbaufinanzierung 1950 und bis 1960 an den Sanierungen der Messerschmitt-AG und der BMW-AG. Seit 1954 leitete er als Ministerialdirigent die Haushaltsabteilung, von 1958 an als Ministerialdirektor den Stab des Finanzministeriums. Nachdem seine beamtenübliche Dienstzeit um neun Monate verlängert worden war, ging er 1970 in Pension. Als Honorarprofessor der Volkswirtschaftlichen Fakultät der Münchener Universität war Otto Barbarino darüber hinaus in all den Jahren ein gefragter Dozent an der Verwaltungs- und Wirtschaftsakademie, an den Finanzschulen Herrsching und Siegburg sowie an den Fortbildlehrgängen der bayerischen Staatskanzlei für Spitzenkräfte des höheren Dienstes, der ein beachtliches wissenschaftliches Erbe hinterließ. Als Monographien ragen *Staatsform und politische Wil-*

lensbildung <München 1949> und *Geldwert, Konjunktur und öffentlicher Haushalt* <München 1981> heraus. Seinen Nachlass hütet das Bayerische Hauptstaatsarchiv. Der Komtur des Ritterordens vom Heiligen Grab war Komtur des päpstlichen Gregorius-Magnus-Ordens, Träger des Großen Verdienstkreuzes des Verdienstordens der Bundesrepublik Deutschland mit Stern, des Bayerischen Verdienstordens u. a. Burghausen hatte ihn mit dem Ehrenbürgerbrief ausgezeichnet. Otto Barbarino starb in Burghausen und ruht auf dem dortigen Friedhof.[52]

Komtur Dr. phil. Hans Peter Linss
* 15.07.1928 Kamenz/Sachsen
✠ 09.12.1972 Aachen
† 06.07.2007 Berg b. Starnberg
Dr. phil. Hans Peter Linss, Vorstand der BayernLB, war Träger des Verdienstkreuzes des Verdienstordens der Bundesrepublik Deutschland, des Bayerischen Verdienstordens und Komtur des päpstlichen Gregoriusordens. Seine letzte Ruhestätte fand er auf dem Friedhof in Aufkirchen.

Ordensdame Regina Dicknether
* 14.12.1915
✠ 12.05.1973 Augsburg
† 17.06.2007 München
Regina Dicknether geb. Kasper, von Beruf Konzertsängerin, war die Gattin von Cfr. Dr. Hermann Dicknether. Die Ordensmitglieder feierten am 26. Juni 2007 in St. Georg München-Bogenhausen

[52] Barbarino Otto: Ein Lebenslauf im 20. Jahrhundert <München 1997>. Todesanzeigen der Familie und des Bayerischen Staatsministeriums der Finanzen, Sterbebildchen.

ihr Requiem und geleiteten den mit dem Bartuch des Ordens geschmückten Sarg zur Beisetzung auf dem Friedhof von St. Georg.

Ritter DDr. Kurt Hemmerich
∗ 03.11.1912
✠ 03.05.1975 Regensburg
† 29.02.1980 München
Cfr. Dr. med. Dr. med. dent. Kurt Hemmerich leitete in der Münchener Maximiliansstraße eine renommierte Praxis für Kieferchirurgie. Seine letzte Ruhestätte fand er auf dem Waldfriedhof in München-Solln.

Komtur Ministerialrat Dr. Hans Weigand
∗ 14.04.1926 München
✠ 08.05.1976 Trier
† 08.11.1996 München
Der Facharzt für Radiologie Dr. med. Hans Weigand arbeitete als Ministerialrat im Bayerischen Staatsministerium für Arbeit und Soziales. In seiner Jugend hatten ihn der selige Pater Rupert Mayer SJ und Michael Kardinal von Faulhaber, deren Ministrant er war, religiös nachhaltig beeindruckt. Seine letzte Ruhestätte fand er auf dem Westfriedhof.

Ritter Hermann Josef Kreuser
∗ 04.10.1933 München
✠ 08.05.1976 Trier
† 01.08.1985 München
Hermann Josef Kreuser war der Sohn des Ltd. Komturs Dr. Karl Kreuser. Nach dem Abitur in St. Blasien erlernte er das Druckerhandwerk und machte sich mit der Gründung der Firma *Kreuser Druck GmbH* selbständig. Seine 1959 geschlossene Ehe wurde mit

vier Kindern gesegnet. In das Gästebuch haben sich er und seine Gattin Jetty erstmals am 21. Januar 1976 eingeschrieben. Bevor er an einer unheilbaren Krankheit starb, hatte er noch die Freude, dass frühere Mitarbeiter die Firma übernahmen und unter dem alten Namen weiterführten. Sein Onkel, Pater Karl Adolf Kreuser SJ, feierte für ihn die Komtureimesse am 16. Oktober 1985 als Requiem.[53]

Ritter Universitätsprofessor Dr. Joseph Schütz

∗ 04.10.1922 Kathreinfeld i. Banat
☩ 08.05.1976 Trier
† 11.11.1999 München

Dr. phil. habil. Joseph Schütz stammte aus dem Banat und hatte nach Rückkehr aus dem Weltkrieg 1945 in Leipzig Erika Haueiß geheiratet. Nachdem er mit seiner Gattin aus der DDR geflüchtet war, habilitierte er sich in München und lehrte dann als o. Universitätsprofessor für altslawische Philologie an der Universität Erlangen. Das Requiem für ihn wurde in Freiburg-Herbern, dem Wohnort seiner Tochter, gefeiert; seine letzte Ruhestätte fand er auf dem dortigen Friedhof.[54]

Ritter Josef Othmar Zoeller

∗ 12.08.1926 Augsburg
☩ 03.12.1977 München
† 03.10.2004 Herrsching

Der Journalist und Stellvertretende Hörfunkdirektor des Bayerischen Rundfunks, Josef Othmar Zoeller, erhielt 1977 den Ordensmantel. Die katholische Jugend- und Vereinsarbeit in Deutschland

[53] Gästebuch II. Totenbildchen.
[54] Totenbildchen. Frdl. Mitteilung von Frau Erika Schütz.

verdankt ihm gediegene Initiativen. Er war in Recklinghausen langjähriger Stellvertretender Chefredakteur des *Echo der Zeit*, einer überregionalen katholischen Wochenzeitung. In den 50-er Jahren gestaltete er im katholischen Sozialinstitut *Kommende* zu Dortmund in Zusammenarbeit mit dem Mainzer Philosophieprofessor und späteren Gründungsintendanten des Zweiten Deutschen Fernsehens (ZDF), Cfr. Dr. Karl Holzamer (1906-2007), *Primanerakademien* zur gesellschaftspolitischen Bildung von Gymnasiasten. 1971 gründete er mit Bayern 3 die erste Pop- und Servicewelle im deutschen Hörfunk. Von 1971 bis 1975 nahm er an der Würzburger Synode teil. Das Kolpingbildungswerk der Diözese Augsburg stieg unter seinem Vorsitz von 1985 bis 1997 zur größten Einrichtung seiner Art in Deutschland auf. Josef Zoeller starb in Herrsching. Sein Requiem wurde in der Klosterkirche von Andechs gefeiert, die Beisetzung fand auf dem Friedhof in Herrsching statt.[55]

Ritter Dr. Wilhelm Knothe

☩ 14.11.1981 Köln

† 24.06.1995

Wilhelm Knothe wirkte lange Jahre als Ltd. Chefarzt am Bielefelder Franziskus-Hospital. Seinen Ruhestand verbrachte er in Rottach-Egern, wo er auch begraben wurde.

Komtur Monsignore Professor Martin Neppig

∗ 28.12.1918 Bamberg

☩ 14.11.1981 Köln

† 03.10.2006 München

Martin Neppig war gebürtiger Bamberger und hatte dort am 13. August 1944 die Priesterweihe empfangen. In München zunächst

[55] Kardinal würdigt Zöller, in: MKKZ <24.10.2004>. Frdl. Mitteilung von Cfr. Dr. Jobst-Barnim von Beckedorff.

Studienrat am Alten Ratsgymnasium, wechselte er später als Professor für Theologie an die Kath. Stiftungsfachhochschule München; außerdem arbeitete er im Pastoralkurs für Ständige Diakone im Hauptberuf mit. Noch als er von schwerer Krankheit gezeichnet war, versäumte er keine der monatlichen Zusammenkünfte der Komturei. An seinem Requiem in St. Johann Baptist München-Solln und der anschließenden Beisetzung auf dem Alten Sollner Friedhof am 10. Oktober nahmen alle abkömmlichen Ordensmitglieder teil. Seine Todesanzeige zierte das Jerusalemkreuz. Als Hinterbliebene zeichneten neben seiner Wirtschafterin, die dem Ritterorden eng verbundene Frau Marianne Oeller, Priorin und Schwestern der Kommunität Venio OSB, *verbunden durch 40jährige Eucharistiegemeinschaft.*[56]

Komtur Dr. Maximilian Deiler
∗ 03.11.1916 Windorf b. Passau
☩ 08.05.1982 Hinterzarten/Freiburg i. Br.
† 31.10.1990 München
Der Hals-Nasen- und Ohrenarzt Dr. med. Maximilian Deiler war der Ehegatte von Ordensdame Dr. med. Helga Deiler.

Ritter Apostolischer Protonotar Dr. Martin Gritz
∗ 23.09.1916 Namslau/Schlesien
☩ 23.09.1986 Würzburg
† 21.06.2002 München
Prälat Dr. Martin Gritz wurde anlässlich seines 70. Geburtstages auf der Marienfeste in Würzburg von Großprior Bischof Dr. Franz Hengsbach investiert. Er stammte aus Namslau und hatte 1940 von Adolf Kardinal Bertram in Breslau die Priesterweihe empfangen. Anschließend ging er als Seelsorger nach Jauernig/Ostsudetenland,

[56] Schematismus <1958> 73 u. <1975> 358. Todesanzeige.

Neisse/Oberschlesien und Sörgsdorf/Ostsudetenland. Nach der Ausweisung wirkte er zunächst als Vertriebenenseelsorger im Bistum Rottenburg, dann 1950 zum Dr. theol. promoviert, als Wissenschaftlicher Assistent an der Universität Tübingen. 1958 folgte er dem Ruf als Dozent an die Schule für Innere Führung der Bundeswehr nach Koblenz im Rang eines Militäroberpfarrers. Militärbischof Dr. Franz Hengsbach ernannte ihn 1958 zu seinem Militärgeneralvikar in Bonn. Auf Anregung von Dr. Gritz wurde 1961 der *Königsteiner Offizierskreis* gegründet, aus dem *1971 die Gemeinschaft Katholischer Soldaten* (GKS) erwuchs. Unter Militärbischof Erzbischof Elmar M. Kredel nahm er 1981 altersbedingt den Abschied. An seinem neuen Wohnsitz Würzburg arbeitete er als Lehrbeauftragter für Soziologie an der Universität und als Diözesanseelsorger für Flüchtlinge und Umsiedler. 1990 zog er durch Vermittlung von Cfr. Prälat Franz Xaver Ertl in das Münchener Kreszentiastift und nahm seitdem am Leben der Komturei regen Anteil. Auf Bundesebene machte sich Prälat Dr. Gritz von 1961 bis 1993 als Geistlicher Beirat um den Kreis Katholischer Frauen im Heliand-Bund verdient. Seit 1964 päpstlicher Hausprälat und 1971 Apostolischer Protonotar, war Dr. Gritz Träger des Großen Verdienstkreuzes des Verdienstordens der Bundesrepublik Deutschland, des Ehrenkreuzes der Bundeswehr in Gold und des Ehrenkreuzes des Metropolitankapitels von Breslau/Polen. Im Jahr 2000 konnte Prälat Gritz in Begleitung von Prior Dr. Hans Jürgen Brandt und des polnischen Priesters Robert Gawdzis zum ersten Mal seit seiner Vertreibung wieder die schlesische Heimat besuchen und in seiner Geburtsstadt Namslau/Namysłów das diamantene Priesterjubiläum feiern. Nachdem er im folgenden Jahr noch Griechenland mit der Insel Patmos besucht hatte, starb Prälat Gritz 2002 in München. Die Exequien in der Stadtpfarrkirche St. Anton mit anschließender Beisetzung auf dem Ostfriedhof feierte Militärbischof Dr. Walter Mixa in Anwesenheit von Leo Kardinal Scheffczyk, den Ordensmitgliedern und einer großen Trauergemeinde aus ganz Deutschland.[57]

Ordensdame Maria Semmler
∗ 26.09.1925 Landsberg
☩ 09.05.1988 Mainz
† 30.07.2009 Freising
Frau Maria Semmler wurde als Kandidatin der Komturei St. Willbald Eichstätt investiert. Mit ihrem Umzug nach Greding bei Freising wechselte sie 2003 in die Münchener Komturei. Maria Semmler starb 2009 und wurde im engsten Familienkreis in Greding beigesetzt.[58]

Ritter Petrus Strenkert
∗ 07.07.1933 Kempten/Allgäu
☩ 04.10.1997 Nürnberg
† 10.07.2003 Gauting
Bankdirektor Petrus Strenkert gehörte zu dem Vorbereitungsteam der Münchener Investitur 2004. Der plötzliche Tod des engagierten und liebenswürdigen Konfraters hinterließ eine schmerzliche Lücke. Auf dem Friedhof in Gauting erwartet er den Jüngsten Tag.

[57] Handzettel mit liturgischem Programm der Investitur am 23.09.1986 auf der Marienfeste in Würzburg. BRANDT Hans Jürgen: Prälat Dr. Martin Gritz – Militärgeneralvikar 1962-1981, in: Und auch Soldaten fragten. Zu Aufgabe und Problematik der Militärseelsorge in drei Generationen (= Quellen und Studien zur Geschichte der Militärseelsorge 9) <Paderborn 1992> 80-86; DERS.: Martin Gritz (1916-2002), in: Schlesische Kirche in Lebensbildern, Bd. 7 hrsg. v. HIRSCHFELD Michael u. a. <Münster 2006> 66-72.

[58] Todesnachricht der Münchener Komturei.

5 Verzeichnisse

5.1 Abkürzungen

Cfr.	Confrater, Mitbruder
EBAP	Erzbistumsarchiv Paderborn.
EAM	Erzbischöfliches Archiv München
FAZ	Frankfurter Allgemeine Zeitung
FS	Festschrift
Gästebuch	Gästebuch der Komturei München
KNA	Katholische Nachrichten-Agentur
Kgl.	Königlich
Ltd.	Leitender
MKKZ	Münchner Katholische Kirchenzeitung
Msgr.	Monsignore
MV	Mitgliederverzeichnis der Deutschen Statthalterei
NF	Neue Folge
OFM	Ordo Fratrum Minorum, Franziskaner
OSB	Ordo Sancti Benedicti, Benediktiner
Satzung	s. Ritterorden vom Heiligen Grab
S.B.	Sua Beatitudo, Seine Seligkeit
Schematismus	Schematismus der Geistlichkeit der Erzdiözese München und Freising
S.E.	Seine Eminenz/Exzellenz
SJ	Societas Jesu, Jesuiten
S.K.H.	Seine Königliche Hoheit
Sr.	Soror, Schwester
SZ	Süddeutsche Zeitung

5.2 Quellen und Literatur

Annuario dell'Ordine Equestre del Santo Sepolcro di Gerusalemme <Città del Vaticano 1969>.

ARETIN Peter-Carl Freiherr von: Münchener Komturei, in: Deus lo vult NF 10 <Januar 1973> 12f.

ARETIN Peter-Carl Freiherr von: Msgr. Dr. Hubert Pöhlein † 1. August 1972, in: Deus lo vult NF 10 <Januar 1973> 17.

ARETIN Peter-Carl Freiherr von: Statthalter a. D. Dr. Dr. Alois Hundhammer †, in: Deus lo vult NF 14 <Januar 1975> 27.

ARETIN Peter-Carl Freiherr von: Zum Tod eines großen deutschen Dirigenten [Eugen Jochum], in: Deus lo vult NF 39 <Juli 1987> 28.

ARETZ Jürgen, MORSEY Rudolf, RAUSCHER Anton (Hrsg.): Zeitgeschichte in Lebensbildern I-VIII <Mainz 1973-1997>.

BAYERN, Herzog Maximilian in: Wanderung nach dem Orient im Jahre 1838 <München 1839>, Nachdruck hrsg. v. HANSEN Walter <Pfaffenhofen 1978>.

BINKOWSKI Johannes (Hrsg.): Erbe und Auftrag. Der Ritterorden vom Heiligen Grab zu Jerusalem <Köln 1981>.

BOEHM Laetitia/SPÖRL Johannes (Hrsg.): Ludwig-Maximilians-Universität. Ingolstadt – Landshut – München 1472-1972 <Berlin 1972>.

BORDFELD Elmar: Geschichte des Ritterordens vom Heiligen Grab zu Jerusalem, in: die waage. Zeitschrift der Grünenthal GmbH <Stolberg/Rhld. 1993> 124-129.

BRANDT Hans Jürgen: Eine katholische Universität in Deutschland? Das Ringen der Katholiken um eine Universitätsbildung im 19. Jahrhundert (= Bonner Beiträge zur Kirchengeschichte XII) <Köln/Wien 1981>.

Brandt Hans Jürgen/Hellmich Klaus (Hrsg.): Zeitzeuge Kardinal Franz Hengsbach. Zum Gedenken an den Gründerbischof des Bistums Essen 1910-1991 <Bochum 1.-3. Aufl. 1991>.

Brandt Hans Jürgen/Böhm Irmingard (Hrsg.): Unvergessen. Bayerns Kardinal bei den Soldaten. Zum Gedächtnis des Katholischen Militärbischofs für die Deutsche Bundeswehr Joseph Kardinal Wendel, Erzbischof von München und Freising (= Quellen und Studien zu Geschichte der Militärseelsorge 1) <Paderborn 1998>.

Brandt Hans Jürgen/Müller Folker: Jerusalem braucht Freunde. Die Herbstinvestitur der Deutschen Statthalterei in München 15. bis 17. Oktober 2004 <München 2004>.

Cohausz Alfred: Die Entstehung der deutschen Komtureien, in: Deus lo vult NF 19 <Juni 1977> 19f.

Cohausz Alfred: Die Geschichte der Deutschen Statthalterei, in: Binkowski, Erbe und Auftrag 161-179.

Cramer Valmar: Der Ritterorden vom Heiligen Grabe seit der Reform durch Pius IX. (= Palästina-Hefte des Deutschen Vereins vom Heiligen Lande 11) <Köln 1937>.

Cramer Valmar: Der Ritterorden vom Hl. Grabe vom Beginn des 17. Jahrhunderts bis zur Reform durch Pius IX. (1600-1868), Teil V, in: Cramer Valmar/Meinertz Gustav (Hrsg.): Das Hl. Land in Vergangenheit und Gegenwart (= Gesammelte Beiträge zur Palästinaforschung) <Köln 1950> 97-176.

Cramer Valmar/Frohn Robert: Der Ritterorden vom Hl. Grabe von den Kreuzzügen bis zur Gegenwart. Ein geschichtlicher Abriss mit 77 Abbildungen (= Palästinahefte des Deutschen Vereins vom Heiligen Lande 46-48) < Köln 1952, 2. erw. Aufl. 1983>.

Deus lo vult. Ordensbrief des Ritterordens vom Heiligen Grab 1ff. <Freiburg i. Br. 1952ff.>
Deus lo vult. Ritterorden vom Heiligen Grab zu Jerusalem. Deutsche Statthalterei NF 1ff. <Essen-Borbeck o.J. [1966ff.]>.
Deus lo vult – aktuell 1ff. <Köln 2002ff.>.
DÖPFNER Julius Kardinal: Praedicamus Crucifixum (= Arena-Bild-Taschenbuch 2) <Würzburg 1. u. 2. Aufl. 1961>.

ELM Kaspar: Kanoniker und Ritter vom Heiligen Grab. Ein Beitrag zur Entstehung und Frühgeschichte der palästinensischen Ritterorden, in: FLECKENSTEIN Josef/HELLMANN Manfred (Hrsg.): Die geistlichen Ritterorden Europas (= Vorträge und Forschungen XXVI) <Sigmaringen 1980> 1-29.
ELM Kaspar: Die Frauen vom Heiligen Grab. Weibliches Religiosentum und laikale Frauenfrömmigkeit im Dienste des Heiligen Grabes <Aachen 1997>.

FELLNER Michael: Die Münchener Stadtmission im Jahre 1960 – Vorgeschichte, Verlauf und Wirkung, in: Beiträge zur altbayerischen Kirchengeschichte 51 <2008> 257-276.
FORSTER Karl: Julius Kardinal Döpfner (1913-1976), in: ARETZ, Zeitgeschichte in Lebensbildern III, 260-279.
FÜRST Heinrich: Im Land des Herrn. Ein Pilgerführer für das Heilige Land <Werl 1999>.

Gästebuch der Komturei Patrona Bavariae München: I (1960-1976), II (1976-1987), III (1987-2000), IV (2000-2020).
GATZ Erwin (Hrsg.): Die Bischöfe der deutschsprachigen Länder 1785/1803 bis 1945 <Berlin 1983>.
GATZ Erwin (Hrsg.): Die Bischöfe der deutschsprachigen Länder

1945-2001 <Berlin 2002>.

GEHLEN N.N.: Die VI. Münchener Pilgerfahrt nach Jerusalem und Rom vom 3. April bis 31. Mai 1883, in: Das Heilige Land. Organ des Vereines vom h. Grabe <Köln 1883> 155-157.

GRAF Heinz: Der Eucharistische Weltkongress 1960 in München. Seine Grundgedanken und sein Grundplan, in: Deus lo vult 16 <Mai 1960> 486-495.

HENGSBACH Franz: Als ihn die Todesangst überfiel, betete er inständiger [Predigt im KZ Dachau], in: Statio Orbis 167-169.

HOFMANN Friedrich H.: Denkmäler des Ordens vom hl. Grab in Bayern, in: Das Bayerland... Offizielles Organ des Münchener ‚Sport-Club' 23 <1912> 646-651 u. 661-667.

HUBENSTEINER Benno: Bayrische Geschichte <München 1977, 9. Aufl. 1981>.

HUFNAGEL Max Joseph: Berühmte Tote im Südlichen Friedhof zu München. 500 Zeugen des Münchener kulturellen, geistigen und politischen Lebens im 19. Jahrhundert <München 4. Aufl. 1983>.

HUHN Adalbert: Geschichte des Spitales, der Kirche und der Pfarrei z. hl. Geist in München <München 1891>.

HUNDHAMMER Alois: Für Papst und Kirche, in: Deus lo vult NF 5 <Juli 1970> 29f.

JAEGER Lorenz: Das Heilige Grab des auferstandenen Herrn als Mahnung zur Einheit der Christenheit, in: Deus lo vult 17 <Mai 1961> 517-521.

JAEGER Lorenz: Predigt in der Münchener Theatinerkirche beim Internationalen Ordenstreffen 1960, in: Deus lo vult 17 <Mai 1961> 536-540.

Kirchberger Sebastian/Schmitzberger Joseph: Die dritte bayerische Volkswallfahrt ins Heilige Land im Jahre 1914 <München 1915>.

Kornacker Susanne: Pro mundi vita – Für das Leben der Welt. Kardinal Joseph Wendel und der 37. Eucharistische Weltkongress 1960 in München, in: Beiträge zur altbayerischen Kirchengeschichte 45 <2000> 405-431.

Kosch Wilhelm: Das Katholische Deutschland. Biographisch-bibliographisches Lexikon <Augsburg 1933-1938, unvollendet>.

Lewy Mordechay: Das Jerusalemkreuz – ein enigmatisches Zeichen? Versuch einer Konstruktion seiner Genese und Sinngebung, in: L' Osservatore Romano 39 <25.09.2009> Nr. 39, S. 11f.

Mathäser Willibald: Der Ludwig-Missionsverein in der Zeit König Ludwigs I. von Bayern <München 1939>.

Miles Christi. Gebet- und Gesangbuch der deutschsprachigen Statthaltereien im Ritterorden vom Heiligen Grab zu Jerusalem <Regensburg 1999>.

Meminisse fratrum. Toten-Chronik des Klerus der Erzdiözese München und Freising <München 1950>.

Mitgliederverzeichnis der Deutschen Statthalterei des Ritterordens vom Heiligen Grab zu Jerusalem <Hürth 11. Aufl. 1996; Münster 16. Aufl. 2008>.

Nesner Hans-Jörg: Das Metropolitankapitel zu München, in: Monachium Sacrum. Festschrift zur 500-Jahr-Feier der Metropolitankirche zu unserer Lieben Frau in München, Bd. I, hrsg. v. Schwaiger Georg <München 1994> 475-613.

Ordo Equestris Sancti Sepulcri Hierosolymitani – Locumtenentia Helvetiae. Jubiläumsschrift 1950 – 2000, hrsg v. d. Schweizerischen Statthalterei <Locarno 2000>.

PEIL Rudolph: Die deutsche Statthalterei während des „Dritten Reiches“, in: Deus lo vult NF 9 <Juni 1972> 29f.
PFISTER Peter (Hrsg.): Joseph Ratzinger und das Erzbistum München und Freising. Dokumente und Bilder aus kirchlichen Archiven, Beiträge und Erinnerungen (= Schriften des Archivs des Erzbistums München und Freising 10) <Regensburg 2006>.
Pilger-Briefe. Mitteilungen für die Mitglieder der bayerischen Pilgerkarawanen ins Heilige Land, NF 1-89 <1903-1926>.
PÖHLEIN Hubert: Wir lassen uns vom Heiligen Land rufen, in: Deus lo vult 15 <Dezember1959> 474-477.
PÖHLEIN Hubert: Auf dem Weg zum Heiligen Land. Tagebuchnotizen von der IV. Heilig-Land-Fahrt des Ritterordens vom 27. Februar bis 14. März 1949 [sic! – muss heißen 1969], in: Deus lo vult NF 15 <Juli 1975> 15-18.
PÖHLEIN Hubert: Dr. Dr. Alois Hundhammer: Statthalter von 1968-1971, in: Deus lo vult NF 7 <Juli 1971> 7.
Promulgation der Bayerischen Provinz, in: Deus lo vult NF 11 <Dezember 1975> 347-351.

RALL Hans: Wittelsbacher Lebensbilder von Kaiser Ludwig bis zur Gegenwart. Führer durch die Münchener Fürstengrüfte mit Verzeichnis aller Wittelsbacher Grablegen und Grabstätten <München o.J.>.
RALL Hans/RALL Marga: Die Wittelsbacher in Lebensbildern <Regensburg 1986>.
RAUSCHER Anton: Karl Forster (1928-1981), in: ARETZ, Zeitge-

schichte in Lebensbildern VI, 231-249.
RAUSCHER Anton: Franz Kardinal Hengsbach (1910-1994), in: ARETZ, Zeitgeschichte in Lebensbildern VIII, 283-298.
REITMAYR Wilhelm: Geschichte des Ordens der Ritter vom Hl. Grabe in Jerusalem, in: Das Heilige Land 71 <1927> 243-151.
RITTERORDEN VOM HEILIGEN GRAB ZU JERUSALEM – Satzung, Richtlinien, Geschäftsordnung, hrsg. v. Deutsche Statthalterei <Hürth 2006>.

SCHREIBMAYR Erich: Letzte Heimat. Persönlichkeiten in Münchner Friedhöfen 1784-1984 <München 1985>.
SCHREIBMAYR Erich: Wer? Wann? Wo? – Persönlichkeiten in Münchner Friedhöfen, I u. II <München 1989 u. 1997>.
SCHWAIGER Georg/HEIM Manfred: Kardinal Joseph Wendel. Zum Gedächtnis des Bischofs von Speyer und Erzbischofs von München und Freising <München 1992>.
SEPP Johann Nepomuk: Jerusalem und das heilige Land. Pilgerbuch nach Palästina, Syrien und Ägypten, I <Schaffhausen 1863>, II <München 1876>.
SEPP Johann Nepomuk: Neue hochwichtige Entdeckungen auf der zweiten Palästinafahrt <München 1896>.
Statio Orbis. Eucharistischer Weltkongress 1960 in München, I u. II, hrsg. v. EGENTER Richard/PIRNER Otto/HOFBAUER Hubert <München 1961>.
Statut des Ritterordens vom Heiligen Grab zu Jerusalem <Città del Vaticano 1950>.
STEPHAN Karl Maria: Der Ritterorden eine Gemeinschaft <Graz 1956>.
STEPHAN Karl Maria: Kreuzfahrer mit den Waffen des Glaubens, des Apostolates und der christlichen Caritas <Graz o.J.>.

TACKE Wilhelm: Als Geheimbischof in Isolationshaft und Verbannung. Prälat Hieronymus Menges – Zeitzeuge der verfolgten Kirche in Rumänien, in: Kirchenbote, Wochenzeitung für das Bistum Osnabrück 34 <29.08.1999> 5.
THORA Marianne: Stellung und Aufgabe der Ordensdame vom Hl Grab zu Jerusalem, in: Deus lo vult NF 15 <Juli 1975> 23-27.

WANDERS Wilhelm: Erinnerungen und Gedanken – 40 von 50 Jahren der Komturei St. Ulrich und Afra in Augsburg, in: WECKBACH, Unter dem fünffachen Kreuz 22-78.
WECKBACH Thomas (Hrsg.): Unter dem fünffachen Kreuz. 40 Jahre Komturei St. Ulrich und Afra Augsburg <Augsburg 2001>.
WITZLEBEN Herman von/VIGNAU Ilka von: Die Herzöge in Bayern. Von der Pfalz zum Tegernsee <München 1976>.

ZIEMANN Benajmin: Die doppelte Enttäuschung. Kirchliche Neuordnungsstrategien 1945-1960, in: Klerusblatt 89 <2009> Nr. 10, S. 236-240.
ZITTEL Bernhard: Alois Hundhammer (1900-1974), in: ARETZ, Zeitgeschichte in Lebensbildern V, 253-280.
ZUBER Elfi: Der Alte Nördliche Friedhof. Ein Kapitel Münchner Kulturgeschichte <München 1983>.

5.3 Bildnachweis

Bayerische Verwaltung der staatlichen Schlösser, Gärten und Seen: Umschlagbild Foto Fratelli Fabri, Mailand.
Erzbischöfliches Ordinariat München, Kunstreferat: Abb. 1, 5, 7 (Foto Alberto Luisa), 8 u. 9 (Foto Wolf-Christian von der Mülbe), 10 (Foto Alberto Luisa), 17 u. 18.

Katholische Akademie in Bayern: Abb. 42.
Privat: Abb. 2, 3, 4, 6, 11, 12, 13, 14, 15, 16, 19, 20, 21, 22, 23, 25, 26, 27, 28, 29, 30, 31, 32, 33, 34, 35, 36, 37, 38, 39, 40, 41 u. 43.
Verwaltung des Herzogs von Bayern: Abb. 24.

Patrona Boiariae
Figur von Hans Krumper an der Münchener Residenz (1616)

Zum Gedenken
an die Investiturfeier
des Ritterordens vom Hl. Grab
zu Jerusalem
in der Dreifaltigkeitskirche München
am 1. Mai 1965

Ordensgelöbnis

Mit aufrichtigem Herzen erkläre und verspreche ich vor Gott dem Allmächtigen, vor Jesus Christus, Seinem Eingeborenen Sohn, und vor der allerseligsten Jungfrau Maria, alles zu halten, was mir als Streiter Christi aufgetragen wird.